蘇れ！柔道最強説

スポーツと武道の本質、他武道・格闘技との構造比較でよくわかる

磯部晃人
Akito Isobe

BAB JAPAN

はじめに

この著書の基となった『月刊秘伝』の連載「柔道構造学」を構想したのは、２０１６年秋のことでした。リオデジャネイロ五輪終了後まもなく情報収集に取り掛かったこともあり、企画の構成は、オリンピック柔道における世間一般の柔道観をベースとしています。

当時の五輪柔道に対する認識が醸成されたのは、２００８年北京五輪のタックル氾濫問題、２０１２年ロンドン五輪のジュリー介入問題、２０１６年リオ五輪のリネールの「組まない柔道」問題などにより、柔道が「面白くない」と世間一般に言われた時期と重なっています。そのため、この著書は辛口の柔道批評が出発点となっています。ですが、読み進めていただければ、柔道の「面白さ」に気付いていただけるものと思っています。

そして、この著書の骨子となるコンセプトは、「柔道の考え方」の提示です。柔道界・柔道ファンの中では、他の格闘技やスポーツと比較対照して柔道を深く洞察して考える習慣はあまりないと思います。そして主観的もしくは教条主義的な意見に偏りがちで、旧態依然とした修身論、精神論に埋没したり、柔道の創始者・嘉納治五郎師範の権威を隠れ蓑にして、その教えを説くだけの人など、「思考停止」状態の人も中には多くみられます。

技やルールについては、例えばタックル氾濫について「姿勢が低くなる」→「間合いが広くなる」→「組み合わなくなる」→「お互いに投げを狙い合う柔道の本質を阻害する」という弊害にまで多くの人は考えが及びません。現代の柔道は「組んで投げる」という本質を守るために、それを阻害する技術や動作は禁止されるという方向にあり、タックルを禁じるというのはそれに沿った流れです。国際柔道連盟がタックルを禁じ、全日本柔道連盟や講道館の上層部からもタックル禁止にさしたる異論が出ていないという柔道界の趨勢にも関心を払うべきです。

また、実戦論の観点からタックル禁止を非難する声もありますが、柔道は突き蹴りなど危険な技術を排除することにより、投げに特化した技術を発展させてきた経緯があります。嘉納師範は「体育」を重視していたので、少なくとも乱取や試合のルールの中では実戦性を第一義とするコンセプトには拘泥していません。しかし、柔道界外部に多いタックル肯定論者のほうが「声が大きい」ので、そちらのほうが正論に聞こえがちなのです（ちなみに、私が強硬な「タックル禁止論者」ではないことは本文をご参照ください）。

柔道を「観る」行為についても同様です。「風姿花伝《ふうしかでん》」や「花鏡《かきょう》」などを著した室町時代初期の猿楽師・世阿弥《ぜあみ》は「3つの視点」、即ち「我見《がけん》＝主観的な視点」「離見《りけん》＝客観的な視点」「離見《りけん》の見《けん》＝俯瞰《ふかん》してメタ認知する視点」という日本最古の芸道論（演者論・観客論）を提示しています。これを柔道界の事象に例えます。

ロンドン五輪で男子最重量級のリネール対ミハイリンの決勝戦の生中継が試合前に突然打ち切られ、アーチェリーの日本人銀メダル獲得シーンの録画が放送されたのですが、その時に視聴者の立場として「けしからん」と考えるのは「我見」、「日本選手のメダル獲得シーンのほうが大部分の日本人にとっては関心が高い」と考えるのは「離見」、「日本柔道界のガイダンス不足」と考えるのが「離見の見」と言えるでしょう。

私は「けしからん」と思ったのですが、当時エンタメ業界の名のあるプロデューサーがブログで「日本柔道界のガイダンス不足」と書いているのを読んで「なるほど」と思いました。日本柔道界は常日頃「オリンピック勝利至上主義」でしか柔道を世間にガイドしていないので、日本選手が勝ち残っていない時点で放送を打ち切られるのは自業自得の面があることに気付かされました。重要なのは「我見」が悪いということではなく、「離見」を経て、「離見の見」にまで思いを及ばせる視野の広さであると思います。

現代の日本柔道界の中枢をなす人々の多くは「オリンピック勝利至上主義者」です。過去においては、五輪代表有力選手が怪我や体調不良などの明確な理由がないのに、直近の国際大会や全日本選手権で欠場するケースも起こっています。また、現場の指揮官が五輪以外の大会を軽視しているという誤解を受けかねない発言をしたりしています。五輪の結果のみを偏重し、柔道そのものの人気を高める努力が足りないように思います。競技当事者がその競技自体のプレステージ(威信)を保つことができないスポーツは、世間からは決して支持されないでしょう。「オリンピックを妄信する競技の権威は棄損される」のです。

この著書は柔道観戦初心者向けではありませんが、柔道を愛好するファンの皆さんにさらに柔道の面白さを体感していただく観戦の手引きとしてお楽しみいただきたいと思います。

CONTENTS

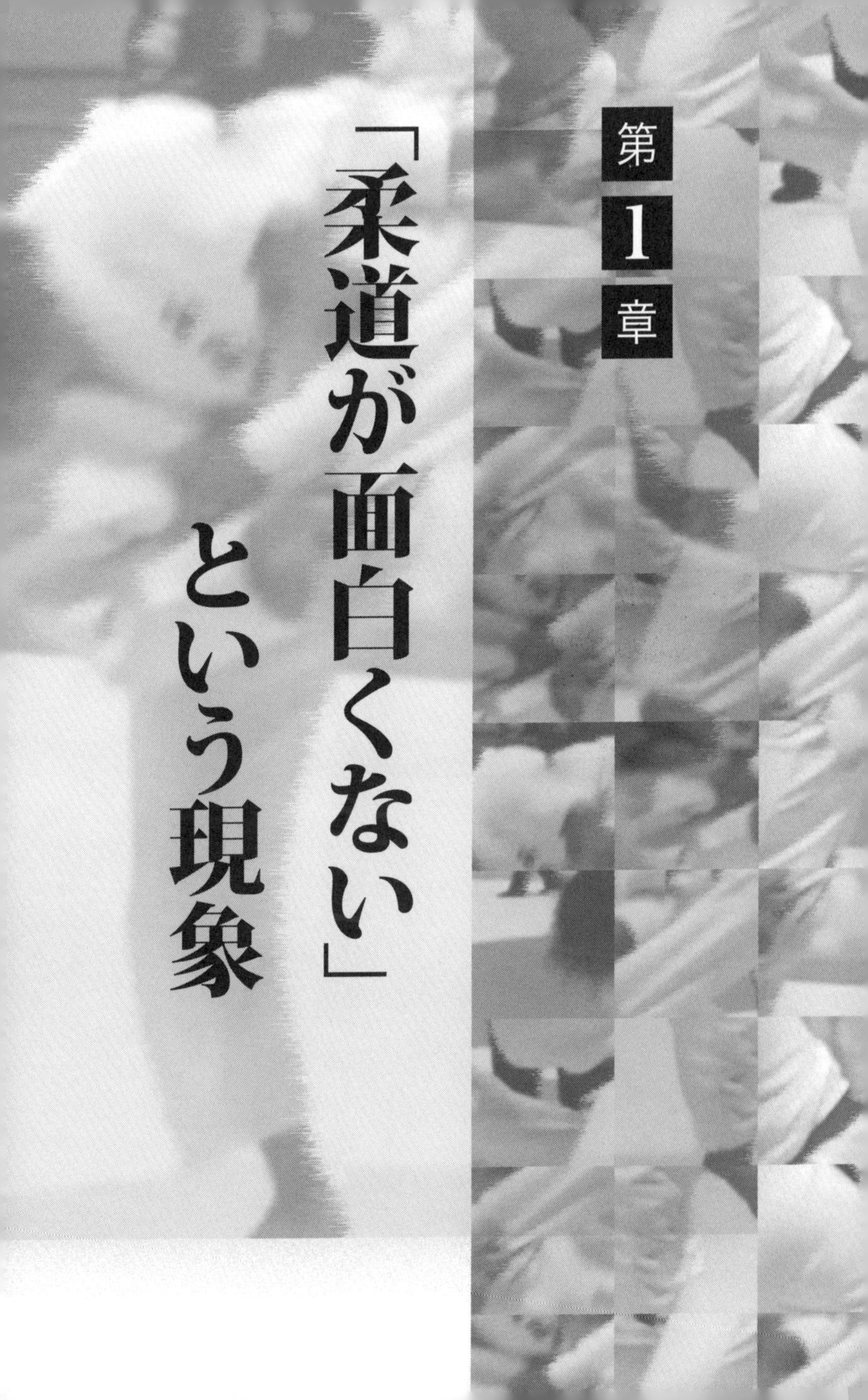

第1章

「柔道が面白くない」という現象

“近頃の”柔道

「柔道が面白くない」と言われるようになって久しい……。

最初にお断りしておきますが、私自身は半世紀来の熱烈な柔道ファンであり、当然ながら「柔道は面白い」とずっと思い続けているのですが、今回ここで言う「柔道が面白くない」というのは世間一般の評価を指します。

冷静に分析すれば、私自身「以前と比べれば柔道は面白くなくなったのではないか」と思うのは事実です。ただ、ガンコ親父が「近頃の若い者は……」と説教を垂れるのがいつの世も変わらぬように、「近頃の柔道は……」というノスタルジックな批判は、嘉納治五郎師範の時代から永年存在していたのもまた事実です。

嘉納師範が競技柔道を揶揄《やゆ》した有名なコメントである「牛の角《つの》突き合いのような柔道」以来、1世紀経っても同様の批判は繰り返されており、今に始まったことではありません。嘉納師範曰く「諸君の試合は闘牛である。今日わしが見た試合には技の切れも、美しさもなかった。このような柔道を教えた覚えはない」と……。

ですので、「いつから柔道が面白くなくなったのか」という推論には明確な根拠を見出すことはできません。ですが、いつから面白くなくなったのかに「年代的な線を引く」というのは、甚だ主観的な作業ではあるものの、永年のファンには特権的に許される行為ではないかと思い、本書では敢えてその難問に挑みたいと思います。

柔道凋落の〝あのとき〟

このテーマに興味を持ったのは、2008年北京五輪直後です。金メダルを取った石井慧《さとし》選手が雑誌の取材に対して、「『石井慧』『掛け逃げ』とネットで検索すると沢山ヒットする」と自嘲気味に語っていました（「ゴング格闘技」2008年9月号）。その時すぐに「石井慧」「掛け逃げ」を入力して検索したら19万件も出てきました。

そこで、いくつかの柔道に関するワードの組み合わせをインターネットで検索して調べたところ、「柔道」「面白くない」の組み合わせに、何と20万件以上もヒットしたのです！

確かに北京五輪の柔道は大変多くの人が「面白くない」と言っているのを耳にしたり、そう書かれている記事も読みました。そこで「面白くない」と言うコメントを著名人、一般人の区別なく集めて内容を調べてみました。

一部をご紹介すると、石原慎太郎東京都知事（当時）が北京五輪の柔道を「柔道が柔道の体を成さない、シャモのけんかみたい」と一刀両断したのは有名な話です。石原都知事はロンドン五輪後にも「西洋人の柔道ってのは、けだもののけんかみたい」と発言し、「五輪招致都市の首長としてあるまじき発言」と世論の非難もありましたが、一橋大学在学中に柔道部に籍を置いた石原さんとしては、五輪柔道の体たらくに忸怩《じくじ》たる思いがあったのでしょう。

舛添《ますぞえ》要一厚生労働大臣（当時）も北京五輪後に「私の美的感覚から言っても好きな柔道ではない。正直、もう見る気がしない」（「スポーツ報知」２００８年8月15日）と大変おかんむりでした。舛添さんも若き日にフランスの大学赴任中に、柔道に打ち込んで二段の腕前を持つだけに、柔道のグダグダぶりを許せなかったのでしょう。

作家で空手家（柔道経験者）の落合信彦さんは、「今大会では本来の柔道の精神を冒瀆するような試合が相次いだ。（略）これ以上、みっともない『ＪＵＤＯ』は見たくない」（「ＳＡＰＩＯ」２００８年9月24日号）と失望感を露わにしていました。

俳優で武道家（柔道経験者）の藤岡弘、さんは、「五輪を見ていて悲しくなりました。（略）日本のお家芸である日本柔道はその伝統を失ったのではないでしょうか。柔道ではなく『柔《じゅう》スポーツ』ですね」（「毎日新聞」夕刊２００８年8月25日）と茫然自失《ぼうぜんじしつ》の様子でしたし、

2008年に開催された北京五輪にて、メダル候補の最右翼にして日本チームのエースであった鈴木桂治選手（柔道男子100キロ級）はまさかの1回戦一本負けを喫すると、続く敗者復活戦においてもドイツのベンヤミン・ベールラ（写真・左下）の肩車で連続一本負けとなって涙の敗退となった。この大会を機に、柔道では直接、相手の足へ攻撃を仕掛ける技が全面的に禁止となっていき、賛否が分かれた。
（写真提供／時事通信社）

他にも多くの文化人、学者、ジャーナリスト、芸能人等の著名人が柔道に対してネガティブなコメントを残しています。

世間一般のコメントはさらに辛辣《しんらつ》ですが、主要なキーワードは「組《く》み手争《てあらそ》い」「掛《か》け逃《に》げ」「タックル」の3つです。組み手争いは谷亮子選手（準決勝の試合ぶり）、掛け逃げは石井慧選手（決勝の試合ぶり）、タックルは鈴木桂治選手（双手《もろて》刈《が》りで一本負けした）に関連付けて論じられていることが多かったようです。

最後に、毎日新聞が北京五輪後の9月5日に掲載した3つの川柳が当時の柔道観を象徴しているので引用します。

- **「あんなのは柔道じゃないと怒る父」**
- **「柔道着着ててもまるでレスリング」**
- **「柔道がネコのけんかのようになり」**

この北京五輪で「面白くない」という世評を確立してしまった柔道ですが、その後のロンドン五輪の「海老沼判定やり直し事件」や度重なる「ジュリー介入」、リオ五輪のリネールの「組み手を切りまくる逃げの戦法」で不評を買ってしまい、益々「柔道は面白くない」

派を増やしてしまったようです。

大手ポータルサイト検索エンジンの「柔道」「面白くない」ヒット件数はリオ五輪直後には40万件を突破しました（当時）。北京五輪後の20万件から倍増したことになります。オリンピックごとに毎回10万件ずつ増えている計算になります（接続するサーバーやいくつかの条件により検索ヒット数はその都度増減します）。

いつから柔道は面白くなくなった？

世間的にはこの北京五輪が元凶であったと思われていますが、実は柔道が面白くないと思われるようになった直接の契機はその数年前にあります。いわば柔道全盛期後のバブル崩壊のような流れがあったのです。

伏線には２００４年アテネ五輪での日本金メダル８個獲得（銀メダル２個を含み計10個のメダル獲得）があります。このオリンピックでは日本人選手男女計50勝中39試合で一本勝ちを収め、「技の柔道」を満天下に示しました。山下泰裕男子強化部長（当時）は後年「日本が大勝したため、その後、各国とも投げの強力な日本選手に対して頭を下げ、姿勢を低

掛け逃げ
組み手争い、
タックル

くして、足取りばかりを狙うという作戦に走った。その結果がリオの世界大会での『日本に柔道をさせない』戦術だった」と語っています。

レスリングのような組まない柔道が徐々に浸透し、それが2007年リオ世界選手権で一気に流行したのです。このレスリング式柔道は対日本人だけではなく、外国人同士の対戦でも行われるようになりました。このような柔道を上村《うえむら》春樹全柔連専務理事（当時）は、頭を1メートルの低い位置に構えるので「1m柔道」、松原隆一郎東大教授（当時）はとにかくタックルでも何でもいいから先に攻めなければ勝てないルールなので「K―1柔道」と雑誌等で度々評していたのが印象的でした。

近年明らかになった逸話があるのですが、リオ世界選手権後のIJF理事会で上村春樹理事は、決勝戦2試合の映像を見せ、「こんな試合を続けていたら観客が集まらないし、スポンサーも付かない」と訴えかけたところ、理事会はシーンと静まり返ってしまったとのことです。上村理事はどの試合なのかは明言しませんでしたが、私はすぐに「あの試合しかない！」とピンときました。あの試合とは、おそらく男子66キロ級決勝デルリー（ブラジル）×アレンシビア（キューバ）、女子52キロ級決勝石俊杰《せきしゅんけつ》（中国）×モンテイロ（ポルトガル）の2試合のことです。

外国人同士の試合なので敢えて言いますが、あの2試合は私的には間違いなく「史上最低の決勝戦」です。男子決勝は試合中1分やそこらしか組み合っていない典型的な「1m柔道」で、女子決勝はタックルの応酬だけのレスリングの劣化版です。2試合とも現在でもネットで映像の閲覧が可能ですので是非見てください。「面白くない柔道」とはこういうものなのかと一目で分かります。

それでは日本が大勝した2004年アテネ五輪まではずっと「面白い柔道」だったのでしょうか?

"ポイント柔道"の台頭

実はそうとも言えません。2000年シドニー五輪からの4年間は、井上康生、鈴木桂治、野村忠宏、谷亮子、阿武教子、谷本歩実らの名選手が群雄割拠した一大柔道ブームでした。この豊穣の4年間は通史的には潮の満ち引きの中の「満潮のピーク」であっただけというのが私の見立てです。歴史を紐解いてみましょう。

1971年のIJFスポーツ委員会では、「もっとアトラクティブで面白い柔道の運営方法」が今後の課題として確認されていますので、この頃にはIJFは現在のビゼール会長と同じようなことを言い出していました。

そして大幅に柔道の印象が変わったのは、ＩＪＦが１９７４年に「有効」「効果」のポイントを新たに設定し、「積極的戦意の欠如」に対する罰則規定を適用したことによります。

これにより従来の「一本を狙う柔道」が徐々に影を潜め、「ポイント柔道」が促進されるようになりました。とにかく先に攻めなければならなくなったため、ゆったり構えて研ぎ澄まされた技を繰り出す柔道は国際舞台から姿を消しました。これを例えるならば、持ち時間の中で知力の限りを尽くし勝負を競っていた将棋が、ある日、急に持ち時間を廃止されて、制限時間を1手30秒程度未満とする「早指し将棋」にされてしまったとでも言いましょうか……。

その後も国内では講道館ルールは存続したので、個人的には暫くは古き良き時代の柔道の片鱗は保たれていたと思っているのですが、「柔道が面白くなくなった」という識者の意見はこの頃（72年ミュンヘン五輪以降）から多く見られるようになりました。

80年代は組み手を「切る柔道」が本格的に始まった印象があります。70年代に組み手名人と言われた選手（例えば上村春樹選手）が多用したテクニックは「組み返し」（相手が組む瞬間に自分がより良い組み手に組み直す）で、〝組み手を切る〟、〝組み合わない〟という戦法とはかなり趣きが違いました。

ところが80年代に露骨に「切る」戦法が台頭しました。88年ソウル五輪に向けて韓国選手が対日本人対策として強化したのがこの戦法です。また、歴史の浅い女子では「切る」柔道を常套手段とする選手が多数いました。

一本のインフレ化

90年代は競技の内容はさほど変化は見られませんでしたが、新たに「一本のインフレ化」という現象が見られました。90年代の半ば頃から明らかに一本の基準が甘くなったのです。体感的な印象ですが、92年バルセロナ五輪までは特に違和感はありませんでした。「これはおかしい」と思ったのは96年アトランタ五輪です。野村忠宏が背負い投げで勝った決勝戦や中村佳央が朽木《くちき》倒《たお》しで敗れた試合も含めて、せいぜい有効程度の技に一本が与えられるケースが多く見られました。

90年代後半以降の一本の甘さについては、多くの識者がコメントを残し、一本の比率の向上に関しても全柔連科学研究部がデータを示しています。一部マスコミが、一本の増加は「IJFの改革の成果」との記事を掲載していましたが、私はそう思いません。審判の質が低く、ただ単に評価の基準が甘くなっていただけです。先に挙げた野村選手については、２０００年シドニー五輪決勝の隅落《すみお》とし一本勝ちも到底一本とは言えない内容でした(もちろん野村選手本人には何の責任もありませんが)。野村選手のアトランタ、シドニー五輪決勝の映像はテレビで繰り返し放映され、紙媒体のマスコミは度々「鮮やかな一本勝ち」と表記していたので、それを見るたびにとても恥ずかしい感情がこみ上げました。

ロンドン五輪後には「一本の厳格化」の方針が示されましたが、近年のルール変更で、今度は「技あり」が極端に甘くなったのはご存知の通りです。

メダル・ラッシュの現代スポーツ界

以上の通り、柔道が面白くないという風評の原因には70年代以降のポイント柔道化が大きく関係しているのは間違いないと思います。今後の展望として、それではアテネ五輪の時のように、スーパースターが多数現れて、東京五輪で全柔連・山下会長が目標とする6個以上の金メダルを取れたならば柔道人気は復活するのでしょうか？

私はそれは非常に難しいと思います。もちろん勝てばそれなりに注目されるでしょうが、今は時代が違います。昔は「柔道以外の競技は五輪ではほとんど勝てない」時代だったからこそ、柔道は注目されたのです。バルセロナ以降五輪3大会で柔道は合計9個の金メダルを獲得しましたが、その他の競技の金メダルは2個だけでした。

ところが現在は、体操、競泳というかつてのお家芸が完全復活し、レスリングも女子の採用で再び金メダル量産競技になりました。卓球やバドミントンも世界のトップを窺える位置におり、野球、サッカー、テニス、ゴルフはプロの有力選手も参加し期待を集めています。日本人の不可侵領域だった陸上短距離でさえ男子リレーが銀メダルを取る時代です。今や「柔道以外の競技も五輪で勝てる」時代へとパラダイムはシフトしたのです。柔道は「面白くない」という壁を乗り越えない限り人気の復活はないでしょう。

次章は柔道が面白くないという理由を、「初めにルールありき」ではないという宿命を背負う武道の構造に焦点を当てて分析します。■

第2章

「初めにルールありき」ではない宿命

“初めにルールありき”のスポーツ競技

武道の起源は武士社会の合戦・果し合いの殺傷技術です。戦場の実用のために編み出されたものですので、そこにはルールという概念はありません。

現代武道は「流派武道」と「競技武道」の2つに分化しました。主に競技を行わない流派武道では技術こそがアイデンティティですが、競技武道はルールこそが法です。武道の競技化とは、ルール無用の術にルールを付与するという「翻訳」の過程であり、ルール化するということは、形態的には完全にスポーツ化するということです。これは、好むと好まざるに関わらず事実なのです。

前章では観る側の立場から「柔道が面白くない」と言われるようになった歴史的経緯について概説しました。本章からは何故柔道が面白くなくなったのかを構造的に分析してみたいと思います。

「バスケットボールやバレーボールなどの人工的スポーツは「初めにルールありき」です。サッカーやその他のスポーツの大部分は遊戯《ゆうぎ》が起源であると思われるため、厳密には「初めにルールありき」とは言えませんが、少なくとも近代スポーツが形成される過程ではルールの概念が定着し、スポーツはルールと共に歩んできました。そういった意味でスポーツ全般は「初めにルールありき」と言えるでしょう。

現代のスペクテイタースポーツは観て面白いことが重視されるため、その目的のためにルールを設定することに躊躇《ちゅうちょ》はありません。例えば、サッカーやラグビーのオフサイドに「合理性があるのか?」と文句を言う人はいません。オフサイドのルールがあるからこそ、競技の面白さ(観る側にとってもやる側にとっても)が担保されるということに異論はないと思います。

一方、武道は「初めにルールありき」ではありません。ルール化される際に、必ず「そのルールに合理性はあるのか?」という問題になります。空手で「顔面パンチを認めないのはおかしい」とか「直接当てないのはおかしい」という議論になるのはそのためです。観て面白いかどうかは、これまであまり重視されませんでした。そこにスペクテイタースポーツと競技武道の「面白さ」の決定的な差があります。

スポーツ化への認識

それでは、柔道が観るスポーツとして面白くないと言われる理由は他に何があるでしょう？簡単に言えば、スポーツ化に対する認識の甘さだと思います。ルールこそが唯一準拠すべき道しるべであるという認識態度と覚悟を持たないまま競技化を進めたことが、問題の全てを生み出しています。

嘉納治五郎師範は柔道本来の技術がルールに埋没する危険性を察知していたからこそ、乱取を採用し、競技化はすれど、対抗試合の過熱を戒《いまし》め、オリンピック競技としての柔道の採用に消極的であったのだと推測します。

嘉納師範はルール無限定の暴力を想定した武術性（勝負法）を重視していたので、スポーツ化を完全に肯定していた訳ではありません。それは「審判規定は柔道の修行上、平素の練習の仕方を左右することがはなはだ多いから、平素の修行に好影響を及ぼすよう攻究していかなければならない」「その規定になじむの弊《へい》として、勢い理想的の身体の姿勢とか、こなしとかいうことに遠ざかる」など、審判規定に偏重した乱取には弊害があることを語っていることからも明らかです。さらには「勝負の審判法は、本来一定の法のあるべきもの

新しい時代の中で、武道の新しい姿を模索した嘉納治五郎。その一方で、柔道がスポーツとして独り歩きすることへの強い懸念があったことが、その言動からうかがえる。

ではない。取り極め次第でどうでも定められるのである」とルールを固定せずに柔軟に取り扱うことも奨励しています。

嘉納師範は柔道を広く世に普及するために、修行の進度を確認する測定装置として柔道の一部を競技化したにすぎず、柔道がスポーツとして独り歩きすることには強い警戒心があったと言えるでしょう。

コードにおける「正しい柔道」

先ほど「競技武道はルールこそが法」と書きましたが、武道は実用の術ですので、現実的には武道界には100％ルールに依存するというスポーツマンライクな発想は生まれません。そこにはルール（規則）とコード（規範）という概念が並立的に存在します。「法と倫理」という言い方もできます。

柔道の「正しい柔道」や剣道の「正しい風」を重んじる姿勢、相撲の「外連味《けれんみ》のない相撲」という言い方は全て、ルール規定外の心構えや試合態度のことを指します。それがコード（規範）です。

正しい柔道とは何なのかについては曖昧《あいまい》ですが、講道館の嘉納治五郎研究の権威、村田直樹図書資料部長は「相手と組まない欧州スタイルの柔道が広まっているが、技を組み立てて一本を取るのが正しい柔道」と語っており（「毎日新聞」２００７年10月28日）、これが正しい柔道の定義と言えるのではないかと思います。

講道館の上村春樹館長も「きちんと組んで、理にかなった技で一本を取る柔道を目指す」という趣旨のことを常日頃話していますので、これが正しい柔道の概念ということで間違いないでしょう。

早稲田大学の志々田文明《ししだふみあき》教授は「『正しい武道』という概念設定には、そこにすでに『正しくない武道』の本質の存在が前提されている。しかし本質はあるのだろうか」（早稲田大学スポーツ科学研究ＨＰ２００８年）という壮大な謎解きの問題提起をしています。

関西大学のアレキサンダー・ベネット教授はこれについて「ルールぎりぎりのプレイを良しとする西洋スポーツに対して、ルールの最も中心部で正々堂々と勝負するのを良しとするのが武道」（「月刊武道」２０１１年1月号）と非常に分かり易く説明をしています。

明治大学の齋藤孝《たかし》教授は「柔道は、ただ勝てばいいというのではない。まず正々堂々と戦い、しかもきれいに決めて勝たなければいけない。それが日本人としての『武』の精神であり、嘉納治五郎が講道館柔道をとおして教えようとしたことです」（『代表的日本人』

２００８年７月刊）と、正しい柔道のそのものズバリを解明しています。

国際武道大学の田中守教授も「武道には正々堂々と戦う精神が宿っている。（略）だが、スポーツとしての『ＪＵＤＯ』には、ルールの範囲内なら何をしてもいいという風潮があります」（「毎日新聞」夕刊２００９年10月９日）と語っています。田中教授は「武道においても、反則規程を逆手に取るような恥ずべき行為や戦いぶりが見られる」（「月刊武道」２００４年５月号）ことを嘆いていますが、このルールの恣意的な悪用こそが、現代柔道の病巣と言えると思います。

グローバル化の中で問われること

早稲田大学の寒川《そうがわ》恒夫教授（当時）は「一国の文化がグローバル化するとき、その文化は伝わった先の社会の文化にフィットするように変容されて受け入れられていくのが普通であり、国際化は痛みを伴うものである」（「月刊武道」２０１０年10月号）と伝統文化が変質するのは当然と指摘をしています。武道を国際的な勝利至上主義の場に置くのは完全な文化の崩壊に繋がるのです。

それを象徴する端的な例がありました。2011年8月にウクライナ・キエフで行われた国際柔道連盟（IJF）の会合で、他国の出席者が「ベースボールの本家アメリカは日本の野球に言いがかりをつけないのに、柔道は母国日本がリーダーシップを取り、原点を保たなければならないというのは納得できない」と発言したというのです。

これは、ルールの中心部で正々堂々と勝負する「正しい柔道」と、ルールぎりぎりの駆け引きを良しとする「現代競技柔道」の相克《そうこく》と言えます。

近年は「日本人選手＝正しい柔道」とは必ずしも言えませんが、少なくとも概念上は、「正しい柔道を目指すべき」というのが日本柔道界の総意としての国際的な場での主張です。

ですが、「正しい柔道」は是か非かという問題について、各種メディアでの論調を見る限り、「ルールに則って競技している以上、正しい、正しくないを論じるのは不適切」というのが現在の一般的な意見のようです。

嘉納治五郎の側近で、日本人柔道家として初めてアメリカで本格的にスポーツ学を学んだ岡部平太は「勝敗を競う限り柔道は結局スポーツである」（『月刊武道』2010年10月号）と語っており、柔道がルールに則ったスポーツであることは、既に半世紀以上も前に結論が出ている気もしますが、簡単には割り切れない難しい問題です。

美的感覚とルールからの純化

武道とスポーツの違いを美意識の有無で論じる見方もあります。日本合気道協会の富木《とみき》謙治師範は競技合気道に武道が本来内包している美的要素をどう生かすかを課題としていましたし、数学者の藤原正彦さんは著書『日本人の矜持』(2009年12月刊)の中で、「武道を極める為に最も重要なモノは、数学と同様に『美的感受性』だと思う」と語っています。

日本人の身体論を研究している齋藤孝明治大学教授も前出の著書『代表的日本人』の中の「嘉納治五郎の武道力」の項で日本的な武道の価値観は「判定勝ちではなく、きれいに一本を取って勝ちたい」という美的感覚であるということを分析しています。齋藤教授はさらに「美学と勝敗は両立できるものではありません」と、武道を極めて美学を体現することは、勝利至上主義とは相性が悪いと認めています。武道を競技スポーツ化した際には、ルールの中で武道の美学を守るのは難しいと捉えておられるのだと思います。

競技スポーツはルールの中で技術が最適化される「純化《じゅんか》」が起こります。特に対面型競技の武道は、ルールぎりぎりで相手の弱点を攻める傾向に陥りがちです。概して球技のような技術の応酬が目を引く展開とはならず、美しい試合運びにはなりにくいのです。

武道の試合が「ラリーの続かないテニス」のような、つまらない試合になりがちなのはそのためです。ルールを限定した大相撲やボクシングのように「ラリーの展開」が有り得る格闘技だけがプロとして存続しているのです。

柔道においては「正しい柔道」を体現するのは難しいと思われます。

主観的真剣勝負と客観的真剣勝負

ここでちょっと変わった本をご紹介します。椎麻芳生《しいまよしお》さんという方の書いた『プロレス八百長論者撃退宣言！』（1998年1月刊）という超マニアックなプロレス本です。プロレスを八百長論から擁護するために「真剣勝負とは何か？」を分析するかなり理屈っぽい（？）本ですが、その定義付けが物凄く面白いのです。（以下引用）

■「主観的真剣勝負」の定義

「戦う両者の間で、戦いに対する理念、認識がおおむね一致しており、その理念、認識

にもとづいた方法論によって、主観的に全力で戦うこと」

■「客観的真剣勝負」の定義

「選手の行った行動に対して、それをルールと照らし合わせた時に、理論的に勝つための最善の努力であるとおおむね判定出来る戦い」

（以上、引用終わり）

どうでしょう？　この本で説明する「主観的真剣勝負」はまさにいわゆる「正しい柔道」そのまんま、「客観的真剣勝負」は「現代競技柔道」そのまんまの形態と言えると思います。ですので、歴史的に言うと、嘉納治五郎師範は、柔道の修行の成果を測定する「主観的真剣勝負」を行う場として乱取を行うようになったが、それが競技化されて対抗試合などが行われるようになり、勝利至上主義が蔓延するようになった。……時を経て、柔道は五輪競技化され国際的なスポーツとなったが、完全に競技ルールに則って行われる「客観的真剣勝負」に変質した……。これが、競技柔道の歴史的実態なのです。

この本の中で著者は、「主観的真剣勝負＝プロレス」、「客観的真剣勝負＝一般のスポーツ」と定義付けています。だとすると、「プロレスと正しい柔道は構造的に似ている」のでしょ

主観的真剣勝負
ルールへの純化
伝統の美的感覚
客観的真剣勝負

うか？

似ている部分もあると思います。両者が理念を共有し、そこから逸脱せずに戦う形態をとるというところです。ですが、経過として、柔道は「自由に技を繰り出し、相手はそれを防ぐ」のですが、プロレスは「阿吽《あうん》の呼吸で技を繰り出し、相手はそれを受ける（または意図的に防ぐ）」、結果として、柔道は「勝負論がある（観客論がない）」が、プロレスは「勝負論がない（観客論がある）」ということです。

武道界の構造理論派

武道界で、このように自らの武道の構造を分析し、他の武道と相対化する試みが行われたケースはあるのでしょうか？　私は結構あると思います。

代表的なケースとしては、合気道の富木謙治師範（前出）が、合気会（表演武道）と自らの日本合気道協会（乱取武道）を相対化し、形《かた》の武道を「かたちの真剣」、乱取の武道を「態度の真剣」と評したことがあります（『武道論』１９９１年11月刊）。何やら、先に述べた「主観的真剣勝負と客観的真剣勝負」と似通った分析ですね。

その他、「理論武道家」として著名なお歴々、例えば、南郷継正《つぐまさ》、富樫宜資《よしもと》、高岡英夫、堀辺正史《せいし》の各氏、最近では武道・武術雑誌編集者の山田英司《えいじ》さんなども構造的に武道を分析する手法を多用しています。

ところが、このような分析をする人はほとんどが空手など打撃系武道・武術畑の人ばかりです。柔道界ではこのように他の武道と比較対照した上で、相対的な分析を行う人はめったに見かけません。先にお名前を挙げた早稲田大学の志々田文明教授は合気道側からの視点で柔道との相対化をしていますが、日本武道学会柔道分科会には比較武道論を専門とする方が活発に言論発信をしている様子はうかがえません。これは今後の大きな課題です。

「柔道が面白くない」と言われる構造的な理由はいくつもありますが、次章では「採点競技の呪縛」という視点でこれを論じたいと思います。■

第3章

採点競技の呪縛《じゅばく》

間接的採点と直接的採点

柔道は長年「五輪格闘技で唯一の直接的な採点競技」であったことはあまり知られていません。採点するという行為には2通りあり、「技や反則に評価を与える行為」と、「勝敗に評価を与える行為」の2つです。

1つ目の技や反則に評価を与える行為は全ての格闘技で広く行われていますが、私の持論ではこれを「間接的な採点」と定め、2つ目の勝敗に評価を与える行為を「直接的な採点」と定義しています。実はこの「直接的な採点」は柔道でしか行われていませんでした。これが2012年のロンドン五輪まで行われていた「旗判定」です。

決められた競技時間内にポイントの優劣に差が無い時に限り、審判3人の主観的な多数決（青旗＝以前は赤旗、白旗の挙手）で勝敗を決めていました。これは国際試合では1956年の第1回世界選手権以来の仕組みで、半世紀以上の長きに渡って行われました。

「勝敗に評価を与える行為」というのは本当に柔道でしか行われていないのでしょうか。ボクシングもそうではないでしょうか？　確かにボクシングもジャッジが選手の優劣にポイント差をつけますが、ボクシングのジャッジが付与しているのは各ラウンドごとのポイントであって勝敗そのものを直接的に決めているわけではありません。そういう意味では「間接的な採点競技」と言えるのではないかと思います。

ラウンドごとに評価を与える「ラウンド・マスト・システム」では、試合全体の印象で優勢と思える選手が必ずしも勝者となりえないことは、２０１７年５月に行われたＷＢＡ世界ミドル級王座決定戦の村田諒太選手の判定負けの例が示す通りです。

また、オリンピックのボクシングでは、審判の主観による採点は不合理ということで、92年バルセロナ五輪からコンピュータ採点（パンチのヒット数を測定して優劣を決するテレビゲームのような採点）が導入されましたが、かえって疑惑の判定が増える結果となり、12年ロンドン五輪後に、元の採点方式に戻りました。

レスリングでは審判は技や反則にポイントを与えますが、勝敗は集積された合計得点やいくつかの取り決めにより自動的に決定されます。１９５０年代までは得点差がない場合に優勢勝ちを適用するルールもあったようですが、それは半世紀以上も前のことでした。

フェンシングやテコンドー、五輪新競技の空手も技に対する評価がベースであり、審判が勝敗そのものを主観的に判定するわけではありません。以上の通り、柔道が「唯一の直接的な採点競技」であったのは事実なのです。

採点基準の曖昧な採点競技

そんな中、「柔道は採点競技だ」という論調の発言を北京五輪からロンドン五輪にかけて繰り返し行った人がいます。ＮＨＫの刈屋《かりや》富士雄解説委員です。歯切れの良いスポーツ実況や評論でお馴染みの刈屋さんですが、「柔道は格闘技というよりも採点競技、つまりジャッジにどうみせるかという勝負になってきている」と指摘しています。刈屋さんは「柔道を『日本のお家芸の格闘技』というふうに思いながら観戦すると欲求不満になる」、「柔道というのは採点競技であるというふうに割り切って応援すべき」、「そういう競技だと思って観ないとストレスがたまる」とネット上の『ほぼ日刊イトイ新聞』で語っています（２００８年8月7日）。実に言い得て妙だと思いました。

私はこの「柔道が採点競技であること」が柔道が面白くないと言われることの重要な要因の一つと考えます。

その一番の理由には対面型の格闘技である柔道と、それを採点するという形式とは非常に相性が悪いということがあります。対面型の格闘技は「相手を打ち負かす」ことに観客の面白みがあるのに、それが実行されないというストレスを感じてしまうのです。

スポーツ人類学者として活躍した松浪《まつなみ》健四郎専修大学教授（当時＝現・日体大理事長）は「球技のごとく、ときに幸運だけで勝利を呼び込むといった実力の曖昧さは格闘技にはみられない。優勝劣敗《ゆうしょうれっぱい》を、実力差を、だれがみても明白、これが格闘技のひとつの魅力であり、神聖さであろう」（『新・格闘技バイブル』１９８９年7月刊）と語っていますが、現代競技柔道は、松浪さんの言っていることと正反対で、球技のような明確な得点基準すら持たない曖昧な採点競技なのですから面白いと思われるはずがありません。

“時間”という制約

歴史的に言えば、本来審判など存在しないルール無用の殺傷術だった武道の勝敗には「相手を打ち負かす」という決着方法しかなかったわけです。それを競技スポーツ化する際に、まず最初に「時間と空間」の設定という必要性が出てきました。時間とは試合時間、空間とは試合場です。現代の観客のいる公開競技で試合場を取り決めるのは不可避ですが、問題は「時間」です。

明治33年（１９００年）に最初に制定された「講道館柔道乱捕試合審判規程」に優勢勝

ちに関するルール表記はなく、昭和16年（1941年）の改正までそれが記載されることはありませんでした。

昭和4年（1929年）の御大礼記念天覧武道大会の取り決めに初めて優勢勝ちが採用され、試合時間が設けられましたが、それまでの事例を見ると、試合時間は事前の申し合わせや審判の裁量に委ねられていたようです。

戦後は制限時間が定められるようになったとはいえ、当初は選手の両者の実力差を正当に推し量るには、それなりに長時間が必要であるということが取り決めの骨子でした。ところが、国際競技化の波により、大会の運営上の都合などから、試合時間は徐々に短く制限されるようになっていきます。

禁じ手なしの真剣勝負ならば、所要時間は比較的短くなるのかもしれませんが、危険な技を排除した競技スポーツの柔道では、両者にさほど実力差のない対戦では、短い時間で相手を打ち負かすのはかなり困難になります。

主要な五輪格闘技の試合時間を比較してみましょう。各競技とも紆余曲折《うよきょくせつ》はありますが、1964年の東京五輪のボクシングは3分3ラウンド（合計9分）、レスリングは前後半各5分（合計10分）の試合時間でした。一方、柔道は決勝15分、他の試合は10分でした。その後、半世紀経ってもボクシングは変更なし、レスリングは変わってはいますが（現在

昭和４年（1929年）に皇居内済寧館で開催された御大礼記念天覧試合指定選士決勝、栗原民雄（左）×牛島辰熊。この大会で初めて試合ルールへ「優勢勝ち」が採用された。

は3分2ピリオド)、試合時間の変更は緩やかでした。

ところが柔道は1988年のソウル五輪以降、男子5分、女子4分となりました(現在は男女とも4分+延長戦)。これでは柔道が採点競技化するのは当然です。この短すぎる競技時間の設定に、柔道の面白さを損なう諸悪の根源があったと私は考えます。

戦術の二極化と劣位戦の工夫

短い時間で勝敗を決するとなると、そのルールの中で戦術は二極化します。

一つは「一本勝ち」を想定する戦術であり、もう一つは「優勢勝ち」を想定する戦術です。優勢勝ちは、相手に尻餅をつかせて効果ポイント(現在はない)を奪うのもOKですし、攻めているふりをする偽装攻撃で審判の印象点を稼ぐのもOKなわけです。柔道は本来「技術」の中では「柔よく剛を制す」のが理念ですが、競技柔道の「ルール」の中では「採点競技であることを最大限に利用する」のが正しい(?)現代ストラテジーと言えます。

優勢勝ちを狙う戦術は主に実力下位と思われる選手が行います。

皆さんは戦闘機の「優位戦、劣位戦」という戦術をご存知でしょうか。空戦で戦闘機同士が遭遇した時、自分の高度が敵より高ければ「優位」、低ければ「劣位」となり、それぞれに戦法が異なります。評論家の日下公人《くさかきみんど》さんは転じて、国際社会の外交やスポーツなど世の万般に「優位戦、劣位戦」が存在することを指摘しています（「正論」2010年9月号）。柔道もそうで、練習環境や指導体制の劣る柔道途上国の選手は、勝つためにはルールの範囲内であらゆる手段を講じる必要があります。「劣位戦」の工夫をしなければ、柔道強国の選手を相手にして勝ち目はないのです。

劣位戦と言えば、近年「なるほど」と思ったインタビュー記事が2つありました。まず、コロンビア初の女子世界王者（09、13、14年）でオリンピックで2大会連続のメダル（ロンドン銅、リオ銀）を獲得したジュリ・アルベアルに関する話です。日本人コーチの早川憲幸《のりゆき》さんは「一本を取る柔道でなく、投げてとれなければ指導4でもかまわない（当時＝現在は指導3で反則負け）」（『全柔連まいんど』2016年10月号）と明言していました。日本人の感覚では反則勝ちを狙う柔道を教えるというのは邪道視され、当然早川さんもそれは理解しているはずなのですが、柔道弱小国のコロンビアが柔道強国に勝つにはそれ程の覚悟が必要だということです。早川さんは「柔道が世界的なスポーツになった以上、様々な考え方があっていい」ということを海外に出て学んだとのことです。

早川さんはアルベアルに、相手とけんか四つに組む「逆組み」（相手が右組みの時は左

リオ五輪女子柔道70キロ級決勝で、田知本遥選手と戦うジュリ・アルベアル選手（右）。（写真提供／時事通信社）

組み、相手が左組みの時は右組み）の奇想天外な組み手や、双手刈《もろてが》り、朽木倒《くちきたお》し、肩車など脚《あし》取り技を徹底的に指導しました。アルベアルに限らず、コロンビアの選手は左右両方の組み手ができるとのことです。

またアメリカの99年男子世界王者でオリンピックで2度銅メダルを獲得（アトランタ、アテネ）したジミー・ペドロも、父親が道場を開いていた関係で5歳の時に柔道を始めたものの、練習相手が少なく、出稽古で力を付けるしかありませんでした。高校や進学先の名門ブラウン大学には柔道部はなく、レスリング部に所属していました。ペドロも、組み手にこだわらなければアメリカのような柔道人口の少ない国は世界では勝つことはできないことをインタビューで強調していました（「ゴング格闘技」2017年1月号）。

リスク回避の柔道

柔道強国の選手であっても、優勢勝ちを想定する戦法を取る選手はいます。その主な理由は「リスク回避」にあります。自分が一本を狙って攻めれば、相手にも一本を奪うチャンスは広がるからです。いなされたり、透《す》かされたりして返し技を食う危険性もあります。

谷本歩実さんのライバルだったフランスのリュシ・デコスはロンドン五輪金メダリストで世界選手権でも3度優勝（05、10、11年）した超一流選手ですが、彼女ですら時としてリスク回避の戦法を取ることがありました。デコスはインタビューで「試合に出る以上は勝負がすべて」、「技のこだわりを捨てて、徹底的に勝負を追求することにした」、「せこい柔道を受け入れることで勝負にこだわる勝負師の戦法を身につけることができた」と語っていました（溝口紀子『日本の柔道フランスのＪＵＤＯ』２０１５年2月刊）。

採点競技的な柔道の典型的な例としては、88年ソウル五輪の95キロ級で金メダルに輝いたブラジルのアウレリオ・ミゲールが挙げられます。ミゲールは決勝までの5試合全てで技によるポイントを一つも奪わずに優勝しました。ミゲールは日本人柔道家の指導を受け、どちらかというと日本流のきれいな柔道を行う選手でしたが、ソウル五輪では勝ちに徹する柔道で金メダリストとなったのです。

リスクを負わない戦法については昔から問題視されており、「近代柔道」誌の名物コラムだった「柔道時評」では、ペンネーム青山雄二を名乗った山岸均さん（昭和30年代に全日本選手権などで活躍した名選手）が「危険をおかしてまで無理に攻めないほうが得策」とする当代の風潮を述べ、「ひとりよがりの組み手を求め、決して妥協はしないという強情戦法がはびこってきた」と嘆いています。その上で「リスク柔道＝不利益や危険を承知の冒険的柔道」の必要性を説いています（1984年12月号）。同様の問題はレスリングにも存在しましたが、当時国際レスリング連盟は「リスクレスリング」を重要な理念として掲げ、積極果敢な技術展開を推奨していました。

以上のように、採点競技である柔道で、勝つためにリスクを負わない戦法が普遍化してきたことが、柔道を面白くないものとしてきたのは自明のことです。これを改善する意識改革をしない限り柔道の人気は高まりません。

呪縛を跳ね返す実力

ところが、アテネ五輪頃までにも、このような採点競技柔道は蔓延していたのですが、それでも日本人が比較的柔道を好んでよく観たのは何故でしょう？　それは、外国人選手が優勢勝ち狙いのせこい戦法で臨んできても、日本人選手にそれを跳ね返して一本を奪えるだけの実力があったからだと思います。男子は山下泰裕、斉藤仁、正木嘉美、小川直也、篠原信一、井上康生、鈴木桂治と続く重量級エースの系譜があり、中量級や軽量級においても、古賀稔彦、吉田秀彦、野村忠宏が一時代を築きました。女子もアテネ五輪でゴールドラッシュの「神話」を奏《かな》でた谷亮子、谷本歩実、上野雅恵、阿武教子、塚田真希など優れた金メダリストが続出しました。

これについて面白い逸話があります。アテネ五輪以降、日本柔道がなかなか世界で勝てなくなって苦戦続きの中、２０１０年グランドスラム東京で、放映局のテレビ東京が「日本には一本がある」という合言葉を番組キャッチコピーとして用いたことがあります。その時の柔道ファンの反応が非常に辛辣《しんらつ》でした。曰く、「日本には一本があるって言ってるけど、いつも日本が普通に一本取られてるじゃないか！」と。

ですので、日本柔道界は採点競技の呪縛を逃れることと共に「世界で勝つこと」を同時に目指していくことを宿命付けられているといえます。

ところで、２０１７年ブダペスト、２０１８年バクー世界選手権では男子66キロ級の阿部一二三《ひふみ》選手が、「採点競技の呪縛」を吹き飛ばす圧倒的な技の切れ味を見せて、２連覇を達成しました。この2大会には出場していないもののリオ五輪で圧勝した73キロ級の大野将平選手、17年73キロ級世界王者の橋本壮市《そういち》選手、60キロ級で3度世界王者に輝いている高藤直寿《たかとうなおひさ》選手などとともに日本男子の軽量級～軽中量級は圧倒的な層の厚さを誇ります。

しかし、今後日本はこれまで以上に研究され、容易に組ませてもらえなくなるのは確実です。阿部一二三も、今年のグランドスラム・パリでは、初戦でイタリアの若手選手マヌエル・ロンバルドに肩車で技ありを2つ取られて一本負けを喫しています。試合後に阿部は「思っていた以上に相手が研究してきている。自分の技が全然かからない」と相手の研究を敗因に挙げています。国内でも同じクラスのライバル丸山城志郎《じょうしろう》選手が国際大会3大会連続優勝を飾り阿部を猛追しており、東京オリンピック代表選考への道のりはまだまだ険しいものがあるといえます。過去を振り返っても、かつての名選手・古賀稔彦さんですら、国際舞台デビューこそ順調でしたが、その後は「組み際の技狙い」、「左変形の組み手」、「組まない柔道」などの洗礼を受け、それを克服するのに苦労しました。

次章は柔道など着衣格闘技の記号論的な特徴について分析します。■

第4章

着衣格闘技の記号論

様々な着衣格闘技

「着衣格闘技は記号論的」と言ったのは、かつて専修大学教授を務められていた頃の松浪健四郎さん（現・日体大理事長）でした。スポーツ人類学者として活躍されていた松浪教授は、「着衣格闘技は記号論でだいたい説明することができる」と論じ、具体的な例として「猪熊功《いのくまいさお》（東京五輪柔道重量級金メダリスト）」と「背負投げ」の関係性を挙げています。

一方、「裸体格闘技の選手にはそれ（注・記号論的結び付け）ができない」とも述べています（『UWF革命』1988年8月刊）。

松浪教授によると、サンボの基礎となった旧ソ連の民族格闘技には裸体格闘技は存在しないとのことです（『格闘技バイブル』1988年2月刊）。もっともユーラシア全域を見渡すと、トルコやインドなどでは裸体格闘技が盛んな地域もあります。

着衣格闘技にしても、ジョージアのチダオバやウズベキスタンのクラッシュ、中国のシュアイジャオ、さらに旧ソ連の主な23種類の民族格闘技を国技として統合したという説のあるサンボなど、上着をまとった「ジャケットレスリング」に類するものと、ロシアのボルガ川流域・ウラル山脈地域の相撲、モンゴル相撲（ブフ＝地域により競技形態が異なりルールは一様ではない）、朝鮮相撲（シルム）、沖縄角力（シマ）、そして日本の相撲のように帯やマワシを掴んで組み合って行う「ベルトレスリング」に類するものが存在します。

ベルトレスリングには上半身裸のものも多いですが、「帯やマワシを掴む」格闘技は一般的には着衣格闘技に分類されます。また、競技の形態も組み手争いから始まる対峙《たいじ》型、組んでから始まる組合《くみあい》型、日本の大相撲のように立ち合いから始まる立合《たちあい》型があります。

着衣格闘技では、着衣を掴むことを利用するため、技に名称が付与されやすく、記号論的な技術が発達します。その中でも、日本の柔道は最も記号論的な特徴が顕著な格闘技です。

“記号論的”とは何か？

記号論的な技術とは一体どのような技術を指すのでしょうか？　これは柔道とレスリングを比べてみていただければ一目瞭然《いちもくりょうぜん》です。

柔道の立ち技技術の代表的な習得方法は「打ち込み」です。投げの動作を形として反復練習する「打ち込み」では、一連の動作が一つの単独のパッケージとして完結しています。

一方、レスリングではタックルなど一部の動作を「打ち込み」形式で練習することはあるものの、主要な技術は単独の動作としてではなく連続の流れで練習します。柔道では投げ技で一本となることがあり得る技術体系であるのに対し、レスリング（特にフリースタイル）ではグラウンドの展開に流れ込むのが前提の技術体系であるという点に、大きな違いがあります。

柔道は「完結する単独動作」で技を学ぶので記号論的、レスリングは「連続する複合動作」で技を学ぶので記号論的ではないといえます。柔道の背負い投げや大外刈りというのは非常に分かりやすい記号ですが、レスリングの「ダブルレッグダイブでテイクダウンしてローリング」とか「ガブってゴービハインドしてバックを取る」というのは動作に切れ目がなく複雑すぎて、一つの記号として認識するのは困難です。

身体論を研究している齋藤孝明治大学教授は、レスリングの技術を「ねっとりともみ合いながらアメーバみたいに動く」ものであり、「スライムのように全身が連動する」と評していました（『五輪の身体』２００４年7月刊）が、これは「連続する複合動作」で成り立つレスリングの技術的特徴を指した非常に分かりやすい例えです。

柔道のこのような記号論的な技術を可能にするのが着衣なのです。松浪健四郎専修大学教授（当時）は「自然体を創り出したのは、柔道着そのものにある」、「半袖であると『自然体』などという組手は生まれず、レスリング同様の構えとなる」（『格闘技バイブル』前出）と述べていますが、着衣の袖の長さや形状は組み技を行う競技者の姿勢にも影響するのです。

柔道が始まる以前の柔術時代、各流派の稽古衣の袖はほとんどが短いものでした。講道館も1882年の創設当初は、袖が短い稽古衣を用いていましたが、嘉納治五郎師範は袖の長さが肘を越える柔道衣にしようとしました。

この柔道衣改革により、相互に袖と襟を持った自然体の構えが生まれ、引き手を使った崩しが可能となったため、投げ技の数も飛躍的に増えたとされています（もっとも、師範の意志に反して袖の短い柔道衣が普及し、講道館が1908年に袖の長い柔道衣の着用を義務付けるまでには四半世紀もの時間を要しました。〝袖の長い柔道衣が自然体の構えを生んだ〟とする定説には疑念があります。私は単純に、短袖ながら自然体を用いた起倒流竹中派の影響なのではないかと思います）。

密着柔道の正体

現在でも世界の格闘技を見ると、ジョージアのチダオバや中国のシュアイジャオのように、袖がないか、袖が極端に短い競技が存在します。これらの競技では、柔道でいう裏投

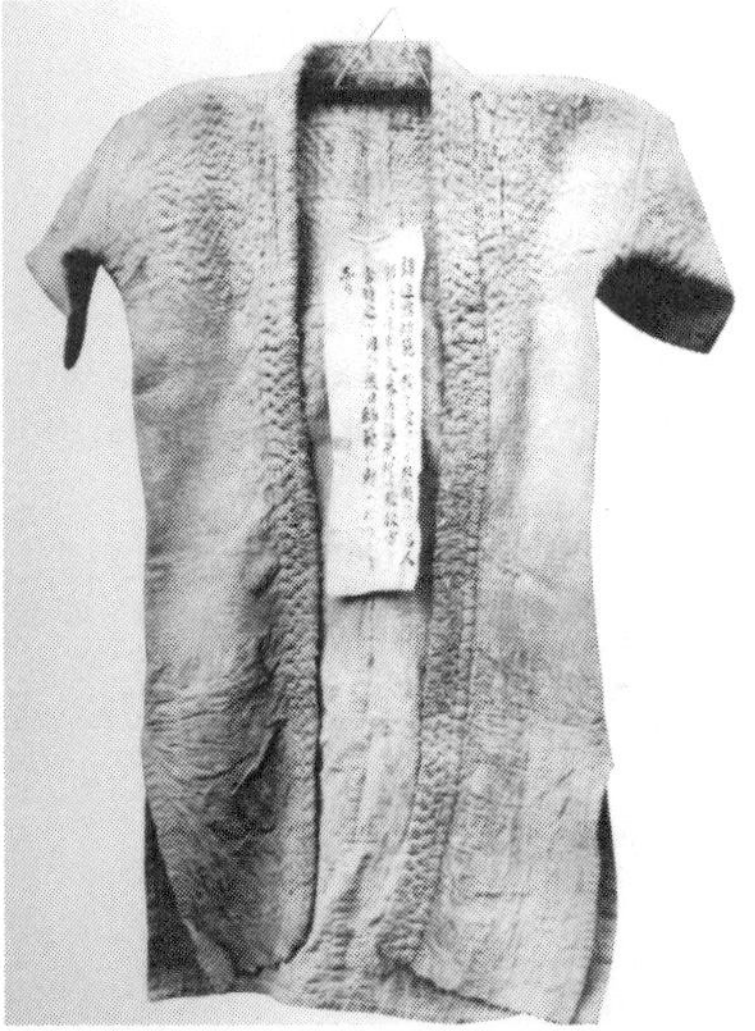

上は、嘉納師範が学んだ起倒流竹中派の師、飯久保恒年師より師範へ送られた柔術衣。Tシャツほどの袖の短さが印象深い。下は講道館上二番町時代（1880年代前半）初期の稽古風景。

げ、掬い投げや相撲の内掛け、外掛け、河津《かわづ》掛けのような接近戦で有効な技が多く使われており、「袖が短かった時代の柔術」の技術の一端を髣髴《ほうふつ》とさせることができます。同じ着衣格闘技でも相手との距離感や技術体系が異なるのは、このように着衣の形状の違いの影響があると思われるのです。

現代柔道が「密着柔道」化してレスリング的になっている事情の一つとして、柔道衣の形状の変化が原因とする説もあります。岡野功《いさお》師範（東京五輪中量級金メダリスト）は「現在の柔道の元凶は背広型の柔道衣です。要するに着物型でたっぷりと余裕のある柔道衣がなくなってきた」と述べ、たっぷりとした柔道衣でないと技のやり取りができないと指摘しています（「近代柔道」２００９年1月号）。岡野師範はこの中で「柔道が面白くなくなり、柔道はこんなものではなかったという時代が遠からず到来する」と予言しましたが、これはピタリと的中したと言ってよいと思います。

この岡野師範のインタビューが、柔道凋落の原因となったと多くの識者が指摘する北京五輪直後のものであることも意味深な感じがします。

相撲の特異性

ところが、形態的には裸体格闘技に近いのに、記号論を完璧に取り込むことに成功した稀有《けう》な格闘技があります。それが日本の相撲です。相撲の技術の習得方法はレスリングと似て裸体格闘技的です。つまり、稽古は「連続する複合動作」から成り立ちます。それは相撲が「競技者は『ぶつかり稽古』といった『前に出る』ことのみの練習を反復したりする」（松浦麻乃《あさの》「月刊武道」2014年10月号）からです。

相撲で上手投げや下手投げを柔道の背負い投げや大外刈りのように「完結する単独動作」で習得することはありません。あくまでも立ち合いでぶつかって前に出る流れの中で「体で覚える」のが相撲の投げ技です。しかし、かつて四十八手と言われた相撲の多彩な決まり手（実際には現在82手ある）は完全に記号論的です。この相撲の技術を可能にしているのが、「土俵とマワシ」という舞台設定と着衣、そして、土俵を割るか、足の裏以外の体の一部が土俵に着けば負けになるという単純なルールです。

相撲のルールは殺傷技術を基本とした武術的ルールとは程遠い、極めてスポーツ的なルールですが、このルールであるにもかかわらず、高い実戦的格闘性を保持しているところも素晴らしい点であり、見逃せないポイントです。

プラスの格闘技とマイナスの格闘技

着衣格闘技と裸体格闘技の技術習得過程の違いについては、51歳で全くの素人からレスリングを始めたという「戦う哲学者」入不二基義《いりふじもとよし》青山学院大学教授も「レスリングは動物的で柔術は人間的」であり、レスリングは「素の身体能力を争っているみたいなところがある」（「ゴング格闘技」２０１６年６月号）と言っています。

入不二教授の言わんとしていることを理解するために、ご本人のブログで類似するコメントを探したところ、「入門１ヶ月後の分析」というタイトルの一文を見つけました。「他の格闘技は、それぞれある部分を肥大化させて、偏らせて、磨きをかけていく（すなわちジャンルとして特殊化し洗練されていく）のに対して、レスリングはむしろ逆で、もっとも基本的な体の力や動きや構造というコアだけを残して、それだけを競おうとしている。いわば、取っ組み合いの原型保存」（２０１０年３月21日）とのこと。レスリング入門僅か１ヶ月後にこれに気付かれるというのは、さすが哲学のプロと感服することしきりです。

つまり、柔道・柔術のような着衣格闘技は技術を積み上げて「創る」「プラス」の格闘技（人間的・創造的格闘技）、レスリングのような裸体格闘技は無駄な動きを省いて「削る」「マイナス」の格闘技（動物的・本能的格闘技）ということか。もちろん、裸体格闘技にも積み上げる技術があることは言うまでもありませんが、大筋の傾向としては、非常に鋭い分析だと思いました。

極端な話をすれば、野生の動物は仔犬のじゃれ合いのように、レスリングに類する取っ組み合いはしますが、柔道はしないと……（笑）。

相撲と合気の意外な関係

余談ですが、話は変わって合気道に移ります。現代合気道の教学システムは大勢の入門者に対応すべく、マス伝達に耐えうるように作られているように見受けられます。入門者が段階的に教わる技術は「第一教、第二教」というようにきちんと名称が付与され可視化、記号化されたものが多く、競技化された柔道や柔術の教学システムと一見大差がないように思えます。しかし合気道は厳密に言えば着衣の組み技格闘技とは言いにくいものであることを皆さんはご存知のことと思います。

合気道には離隔の技術が多く、柔道のように相手と組んでから始まるという概念はあまり当てはまりません。したがって、合気道の技術習得過程は柔道や柔術とはかなり異なるという考え方も一部ではあるようなのです。

『月刊秘伝』2007年12月号に「蘇る相撲の力」という特集が組まれましたが、その中で合気道の黒岩洋志雄《よしお》師範が、合気道の技術習得の過程は相撲に近いものであることを説明しています。つまり、相撲が技のやり方を学ぶのではなく動きの中で原理を学ぶことと同様に、合気道も稽古の中でコツを体得するという点で同様であるということを指摘しておられます。ボクシングから合気会本部に入門し、競技格闘技にも通じていた黒岩師範（ボクシング専門誌の座談会常連だった）ならではの深い洞察であると感じ入りました。

また、中国拳法の松田隆智《りゅうち》師は大東流合気柔術の久琢磨《ひさたくま》先生が「合気は相撲の中にある」と言ったこと、佐川幸義先生も相撲の中に合気が応用できることを実演してみせてくれたことといったエピソードを披露しています。

私は合気道にはさほど知見はないのですが、合気道が柔道や柔術の「着衣格闘技的教学システム」よりも、相撲の「裸体格闘技的教学システム」に似ている部分があるという指摘に驚きました。

その独特の理論で、合気道の原理を明快に説いた黒岩師範。技の中に潜む“動きの原理”は相撲と共通していることを明かした。

共通言語としての柔道技

さて、話は柔道に戻ります。前述の通り、柔道は極めて記号論的な技術体系となっているのですが、これはいつ、誰がこのように意図して体系化したのでしょうか。それは、もちろん柔道の創始者である嘉納治五郎師範ということで間違いありません。

「科学的根拠」という言葉を日常絶えず口にしていたという嘉納師範は、生涯を通じて柔道の中に言葉で説明できる新しい理論を構築しようとしていました。旧来の柔術においては、若き日の嘉納青年が師に投げられて「今の技はどのようにして掛かるのですか、と聞いた。すると師はそれには答えず、おいでなさい、と言っていきなり投げ飛ばされた」という有名なエピソードがあります。嘉納青年が繰り返し投げられ三度聞き返しても、師は「そんなことを聞いて分かるものか。ただ数さえ掛ければ出来るようになる、さあ、おいでなさい」と答えたといいます。

これは古流柔術には、弟子は稽古の中で技を言葉ではなく、体で覚えなければならないという体得主義的体質があったということでしょう。私は古流柔術には口述で説明できる技の原理が存在しなかったという意味ではないように思いますが、少なくとも、柔道界では嘉納治五郎が初めて技を言語化したというのが定説のようです。

嘉納師範はこれについて晩年、「昔、柔術という名称で攻防技術の方法が教えられていた頃は原理の応用としてでなく個々の先生の工夫としてあった」と回顧し、それを「世界中、エジプト人の掛ける技も、ロシア人、アメリカ人の掛ける技も大内刈は大内刈である」と共通言語化したというのです。

嘉納師範は「乱取をする以上は、負ける覚悟を持たなければならない」という名言を残していますが、これも共通言語化された原理の中では「負け」は当然ながら起こりうる現象であることを示唆しているのです。

事実、嘉納師範自身の日記には「今日は誰それのいい技で投げられた」というようなことが書いてあり、弟子に投げられてもニコニコしていたという逸話も伝わってきています。

これは開祖を神格化して神棚に祭り上げることの多い流派武道では考えられないことです。嘉納師範にとっては自身が勝つことよりも、「科学的根拠」が明白な柔道を確立することのほうが重要だったのだと思います。

記号論的柔道には、負の要素もあるようです。古武術研究者の甲野善紀《こうのよしのり》さんは、柔道は嘉納治五郎が、「科学的にも説明のつく柔道として新しく打ち出したもの」であり、「かつての柔術にあった一点接触でも相手を崩した微妙な身体操作の原理が盛り込まれる事はなかった」と武道の精緻を捨てたことを指摘しています（「ＢＬＯＧＯＳ」ネット記事２０１２年６月５日）。

着衣格闘技の記号論については話が尽きません。最後に誤解を招く可能性があるので、明確にしておきますが、柔道において、例えば「背負い投げ」という技は、決して一つの記号ではありません。同じ背負い投げという名称であっても、技への入り方は豊富にあって技術的展開は無数です。柔道は「基本」としての単純明快な記号論的な技術と、「応用」としての精巧緻密な記号論的でない技術の複合体なのです。そこに「守破離」と進む技術習得過程の奥深さがあるように思います。

次章は記号論をより深く洞察し、そして、記号論の衰退という現代柔道の問題点に焦点を当てたいと思います。■

第5章

記号論の衰退と技術の不明瞭化

衰退したメリハリある柔道

前章で「着衣格闘技は記号論的」とする持論を展開し、その中でも、日本の柔道は最も記号論的な特徴が顕著な格闘技と述べました。これについて、一つの少年時代の体験的な思い出があります。

私は昭和40年代前半から柔道を観始めましたが、地方在住でしたので専《もっぱ》らテレビ観戦でした。それも当時はテレビで放映する大会が非常に少なく、柔道を観る機会は年に一度の全日本選手権以外、あまり多くはありませんでした。二年に一度の世界選手権ですらNHKが収録テープを開催地から空輸して、数日遅れでダイジェスト放送していた程です。当時の柔道の情報源はほぼ講道館が発行する雑誌「柔道」という月刊の機関誌のみでした。

とはいえ、この雑誌「柔道」には大会の順位や記録のみならず、試合の観戦記も載っており、この観戦記が非常に想像力を掻き立てる面白いものだったのです。試合の経過を時系列に沿って説明するもので、これを読むと何となく展開が読み取れるのです。この選手はこういう試合運びをするという特徴さえ予備知識として持っていれば、実際には試合を観ていなくとも、雑誌に書かれた文章で試合の内容がおおよそ類推できました。

当時の柔道は現在よりもゆったりと構えて「技出し」が遅く、時には「お互いに見るべき技なく5分が経過」とか「互いに慎重のまま大きな動きなく延長戦へ」とか大幅に省略される記述も多かったものの、この観戦記が何よりも楽しみでした。

将棋などのボードゲームは棋譜《きふ》があれば、何百年経っても指し手を完璧に再現できますが、一昔前の柔道は文字で大まかな試合内容を再現できるほど記号的だったのです。このように私の記号論的柔道の思い出は蘇ります。

ところが、ポイント柔道が促進されるにつれて、試合展開が目まぐるしくなりました。不完全な技が増え、時系列に沿って文字で表現するのが困難な試合が増えてきました。現在の雑誌「柔道」でも、この時系列スタイルの寸評記事は継承されていますが、現在では何分何秒に何の技でポイントを奪ったという表象的な現象を説明することが主で、昔のように細かい試合展開の機微《きび》が雑誌で説明されることは、かなり少なくなってしまいました。

昔の柔道はもっとゆったりと組んで、ここぞという時の技の切れ味は素晴らしいものがありました。しかし、遅くとも昭和末期頃までには、一つ一つの技にメリハリのある記号論的な柔道は半減したのではないかと思います。

ルールで歪められた柔道

80年代頃から、きちんと「崩して、作って、掛ける」正攻法の一本を狙う柔道ではなく、軽微なポイントや印象点を稼ごうと「とにかく先に攻めよう」という、いわゆる「ガチャガチャ柔道」が台頭してきたのです。ガチャガチャ柔道は一見アグレッシブですが、柔道の技術的特性が生かされておらず、観ていてつまらない試合展開になりがちです。ガチャガチャ柔道は初期の女子柔道に多く見られました。

例えば、初めて女子が正式種目に採用された92年のバルセロナ五輪では、日本は田村亮子、溝口紀子、田辺陽子と3つの銀メダルを取りましたが、この決勝戦3試合の相手、セシル・ノバック（フランス）、アルムデナ・ムニョス（スペイン）、金美廷《キムミジョン》（韓国）の金メダリスト3人は典型的なガチャガチャ柔道でした。特に溝口選手の相手の地元のムニョスは組む気もなければ、おそらく相手を投げる気もなく、ガチャガチャ攻めているフリをするだけで試合時間の4分間が終了するという最低最悪の試合内容でした。

ノバックや金美廷は当時強い選手だったという印象はありますが、このオリンピックの決勝戦では組まなかったり、故意に掛け倒れたりする面白味のない柔道でした。「こんな

腰を引いた組まない組み手で、"掛け逃げ"を繰り返すバルセロナ五輪決勝でのアルムデナ・ムニョス選手（下）を、必死で起き上がらせようとする溝口選手。
（写真提供 / 時事通信社）

試合ばかりなら柔道を観る人はいなくなる」と思ったのを覚えています。

「正しい柔道」とは、「きちんと組んで、理にかなった技で一本を取る柔道」と定義付けられますので、その意味では、記号論的柔道の衰退イコール柔道の質の低下と捉えざるを得ません。

もっとも、現在も個別には優れた技術や代名詞的な得意技を持つ選手は多数おり、日本人選手の技術的なレベルが昔より低下しているわけではないと思います。外国人選手について言えば、むしろ急激にレベルアップしていることは疑うべくもありません。ですので「柔道の質の低下」とは個々の選手のレベルダウンを指すものではなく、あくまでもルールによって歪められた戦術の変化という総体的な傾向を指すものであると認識しています。

精緻な「記号論的でない技術」

さて、ここまでは記号論的な柔道の衰退について書きましたが、前章の最後に柔道は「基本」としての単純明快な記号論的な技術と、「応用」としての精巧緻密な記号論的でない技術の複合体であると説明しました。次に柔道の精巧緻密な記号論的でない部分について詳述したいと思います。

80キロ程度の小兵ながら、体重無差別の全日本選手権で2度も優勝した天才的業師《わざし》・岡野功師範（東京五輪中量級金メダリスト）は「技は一つではない」と常々発言しています。また、「形を持ってこだわらず」とも事あるごとに言っています。これは一体、どういう意味なのでしょうか？

例えば「背負い投げ」という技は、同じ背負い投げという名称であっても、技への入り方は豊富にあって技術的展開は無数にあるということを、岡野師範は言っているのだと思います。背負い投げの達人であった岡野師範は伝説的名著（技術書）『バイタル柔道―投技編』（1972年刊）の中で、連絡技、変化技も含めて21種類もの背負い投げのバリエーションを分解写真で詳しく解説しています。

岡野師範より6歳年長で、ほぼ同じ時期に活躍した闘将・猪熊功さん（東京五輪重量級金メダリスト）も、重量級にしては体重88キロ程度と小柄でした（昭和34年全日本初優勝の時は83キロだったとのことで、その時は岡野師範の全日本優勝時とほぼ同じ体重でした）が、背負い投げを代名詞的な得意技としていました。猪熊さんは東京教育大学の卒業論文『背負い投げに見る力学的考察』の中で「背負い投げは30余種類」と書いていますので、おそらくその位の数はあるのだと思います。

小兵ながら体重無差別の全日本を２回制した業師、岡野功選手は、得意の背負い投げを数多くのバリエーションで駆使した。

それでは、トップレベルの選手ひとりが自分の得意技に入るパターンをいくつ位持っているものでしょうか？

斉藤仁さん（ロス、ソウル五輪95キロ超級王者）は全日本男子監督時代に「得意技に入るパターンをできれば五つ、最低三つ」持つように指導していましたが、過去の名選手と言われる選手は大体それ位のバリエーションは持っていたようです。

全柔連・山下泰裕会長（ロス五輪無差別級金メダリスト）は現役時代、内股が主要な武器で、相手を引き出しながら、浅く技に入って低く回しながら徐々に相手の重心を崩す「ケンケン内股」が代名詞でしたが、相手によっては時には深く飛び込んで一気に高く跳ね上げる内股もやっていました。最初に大内刈りに入ってから内股に連絡変化するパターンも得意中の得意でした。

講道館・上村春樹館長（モントリオール五輪無差別級金メダリスト）は、講習会などで「投げ技の入り方は最低で三通りは必要」と指導していますし、雑誌の技術解説で、得意技の体落としの入り方を3種類は披露していますので、試合でも最低3パターンの体落としを使っていたものと思われます。

古くは木村政彦の好敵手で1964年の東京五輪の監督を務めた松本安市《やすいち》さん（昭和23年・戦後初の全日本王者）は、得意の大外刈りに入るパターンを5種類と雑誌の取材で答えていました。

以上の例をお読みいただければ、「技は一つではない」というのをご理解いただけるのではないかと思います。そして、これらの技術のパターンは日進月歩、日々新たに開発されているのです。

近年開発された技術で有名なのは、韓国人選手が流行させた俗称「韓国背負い」と言われる逆背負い投げでしょう。崔敏浩《チェミンホ》（北京五輪60キロ級優勝）や李奎遠《イキュウォン》（09年世界選手権90キロ級優勝）といった有名選手が盛んに使ったことで一躍世界的に注目を集めるようになり、現在は日本でも軽量級を中心にポピュラーな技術となっています。

日本人選手の中にも「技術オタク」というほど新技開発に熱心な選手がいます。15年程前の66キロ級のトップ選手で2003年世界選手権代表に選ばれたこともある鳥居《とりい》智男さんは高校時代から新技の技術開発に熱心に取り組み、編み出した技は「200や300じゃきかない」と自称し、背負い投げだけでも20ほどのバージョンがあると語っています。

……ということを考えていたら、2017年6月末に凄いDVDが発売されました。『背負投の入り方57』という古田英毅さん（「eJudo」編集長）プロデュース、内村直也さん（大阪産業大学准教授）実技指導というスグレモノ映像です。「背負い投げの入り方には、何と57種類もある」ということを動画で解説する、という解説されている方も余程知識がなければ何が何だか解らないであろう、突拍子もないものです。おそらく古田さん以外は誰も考えない超理論派マニア的発想の企画です。

この「57」というのは、背負い投げが57種類あるというわけではなく、組み手の左右（相四つ、ケンカ四つ）やタイプ（姿勢、襟や袖の持ち方）ごとの局面の対処法のパターンを57種類説明する、ということなのですが、一言で背負い投げといっても、極めて複雑なバリエーションからなることを、このDVDは示しています。

認識されない新技開発

日本柔道の伝統を支えているのは、実はこのような地道な新技開発なのです。柔道には「基本」としての単純明快な記号論的な技術と、「応用」としての精巧緻密な記号論的でない技術の両輪がしっかりと機能することが重要ですが、これら日本柔道文化の核となる「技」が日本国内においても、きちんと理解されていないのです。

前出の岡野功師範は「名前のない技は残らない」と言っていますが、これは記号論的には非常に重要な示唆です。名称を付与されない技は、技より1段階レベルの低いバリエーションとして扱われるので、世間的には「無いもの」と思われてしまうのです。

齋藤孝明治大学教授は「『これは釣込腰《つりこみごし》と呼ぼうじゃないか』という感じで名前を付けていき、釣込腰の訓練がカリキュラム化されていくのです。あいまいなものに名前が付けられて分節化していく。これが文化の発展の基本です」、「文化として認めてもらうには、技術体系を整理しなければなりません」（『代表的日本人』２００８年7月刊）と書いていますが、名前のない技は「あいまいなもの」のままであり、技術体系を整理して名称化しないと、文化として定着しにくいのです。

ロンドン五輪後にこのようなことがありました。ロンドンでは男子柔道は史上初の金メダル「ゼロ」の惨敗を喫したため、日本発オリジナル文化凋落《ちょうらく》の代表的な事例と認識されました。

時を同じく、日本は様々なオリジナルの技術革新で世界をリードしてきた電機・電子産業の苦境という問題を抱えていたため、ジャーナリストの「柔道と電機・電子産業凋落の共通点探し」という好奇の目に晒《さら》されたのです。

複数のジャーナリストが辿り着いた結論は、「柔道界では数十年も新しい技が生まれていない」ということと、「電機・電子業界では近年革新的な製品、技術を生み出していない」という共通点でくるということでした。「日本の『象徴』だった柔道にも電機・電子産業にもイノベーションがない」ことこそが凋落の構造的な原因と無理矢理結論付けられてしまったのです。

しかし、これは甚だおかしな話です。柔道界に数十年も新しい技が生まれていないというのは、全くの事実無根だからです。それは今回ここまで書いてきた内容をお読みいただければ一目瞭然です。新しい技は日常的に開発されているのです。但し、それらの技は「技」より1段階レベルの低いバリエーションとして扱われているため、名称が付与されていないだけなのです。

これに対して、とある柔道識者がSNSで素早く反応しました。

「『事実上新しい技は生まれてこない』？　新しい技術は日々生まれている。変わっていないのは『技名称』であり、これはカテゴライズ上の事情。結論ありきの記事なのはわかるが、誤解です。不快」

まさに正論ですが、同時に柔道に対する世間一般の認識がこの程度の低レベルなものであるということを非常に残念に思いました。

もう一つ、近年誤解を受けているのは、「寝技は七帝柔道では新技が常に開発されているのに、講道館では新技が全く開発されていない」ということです。これは、七帝柔道では誰かが寝技の技術を開発したら、「柴山縦返し」とか、その人の名前を付けて技名称を命名して、仲間内で「通称」として使っているので、そう見えるのです。

一方、講道館では伝統的な技研究部会（通称・技研）という組織が招集され、必要に応じて技の命名や考察を行ってきました。技研は新たな技を設けることには非常に慎重です。そのため、講道館には新技が開発されていないように表面上は見えるだけなのです。

また、腹這いの相手をひっくり返すなど、途中経過の寝技技術には名称が付与されないという事情もあります。

二つの柔道技の捉え方

本章では2つのことを書いてきました。1つ目は「基本」としての単純明快な記号論的な技術を大切に保存しましょう、ということです。柔道を柔道たらしめている最も大きな特徴は、記号論が成立することであり、「背負い投げ」と言葉で言ったら、その内容が誰にでも大まかには伝わる素晴らしさを文化として、もっときちんと認識すべきだと思うのです。これが柔道をレスリングと差別化する唯一の利点です。「ガチャガチャ柔道」や「組まない柔道」は、この記号論的な柔道の利点を損なう害悪だとすら思います。

2つ目は「応用」としての精巧緻密な記号論的でない技術の認知をもっと高めましょう、ということです。名称が付与されていない技術は世間的には「無いもの」として無視されますが、柔道の面白さは、無限に枝葉のように広がる技術の中にあります。残念ながら、数が多すぎて、全ての技のバリエーションに名称を付与することは不可能だと思いますが、その素晴らしい技術を「素晴らしいもの」として世間一般に伝える啓蒙活動を行う努力は必要です。そして、柔道の技の面白さを世界に広める伝道師たるリーダーを育成しましょう、ということです。

次章は「タックル禁止論争」の是非について考察します。■

第6章
タックル禁止論争の是非

タックルの有用性と問題

本章では柔道界のタックル禁止論争について論説します。タックル禁止論争とは２００９年のルール改正でタックルの使用が制限され、２０１２年に国際柔道連盟（ＩＪＦ）が使用禁止を打ち出し、２０１３年に完全禁止に至った一連の騒動の中で柔道関係者、ファンの間で噴出した議論を指します。

柔道でタックルというのは、双手刈《もろてが》りや朽木倒《くちきたお》し、踵返《きびすがえ》しといった脚《あし》取り技の総称で、世間一般に対してはレスリング風にタックルと呼んだほうが通りが良いので、本書では敢えて「タックル」という呼称を使います。

タックル禁止に実戦的観点から異議を唱えた格闘技関係者は多数いますが、代表的なのは松原隆一郎東京大学教授（当時）です。曰《いわ》く、「タックルを禁じるルール改正は、護身術としての柔道の目指すものではありません」、「嘉納は街で複数の暴漢に襲われる状況を想定しているのですから、暴漢に向かって『タックルはしないでくれ』などと言うはずがありません」（『武道は教育でありえるか』２０１３年６月刊）という意見です。これは、もちろん正論です。

柔道においてタックルは非常に有効な技術です。08年北京五輪100キロ級1回戦でナイダン・ツブシンバヤルが鈴木桂治を双手刈りで倒し、その勢いのままモンゴルに史上初の金メダルをもたらしました。60キロ級の韓国の雄、崔敏浩《チェミンホ》も準決勝・決勝をタックル技で決めるなど5試合オール一本勝ちで完勝し、タックルには「一撃必倒」の威力を持つイメージがあります。

しかし本当にそうでしょうか？

ポイントに至らなかった技は数値化できないので、体感的なイメージではありますが、多くの試合においてタックルはポイントを先取した選手の時間稼ぎや攻勢をアピールして相手に反則（指導）が与えられるように仕向ける偽装攻撃の手段として常用されているように思います。せいぜい「効果」や「有効」ポイントを取るケースが多かったというのが実情だと思います。

タックル柔道の目立ち始めた2007年世界選手権で「有効」以上のポイントとなった技の数値を示すと、朽木倒しが男子の3位、女子の1位（有効が多い）となるなど、脚取り技が上位に入っています（「近代柔道」2011年1月号・全柔連科学研究部データ）。

私はタックルは、巴投げや隅返しのような自ら背中を畳に着けて施す真捨身技《ますてみわざ》とともに、試合の流れを断ち切る「掛け逃げ」に最も悪用されている技だという印象を持っています。

二点二方向性の柔道と一点一方向性の空手

ここでタックルを構造的に分析します。タックル技が普通の柔道技と異質なものであることを明らかにしないとこの問題の本質が見えてこないからです。しばらく話は横道に外れます。

嘉納治五郎師範は柔道の技術の特性を「二点二方向性」にあるとしています。つまり相手の道衣を「掴む」、技を「掛ける」という「二点」接触と、「押す」「引く」という向きが反対の「二方向」の一対の力（偶力《ぐうりょく》）からなるものと定義しています。

一方、空手などの打撃系格闘技の技術は、「突く」「蹴る」の「一点」接触であり、「押す」方向のみの「一方向」からなるものであり、「一点一方向性」が特性であるとされます。

大山倍達《ますたつ》、南郷継正《つぐまさ》、堀辺正史《せいし》の各氏などの「柔道は空手に勝てない論」はこの柔道の「二点二方向性」と空手の「一点一方向性」の攻撃のスピードの違いが根拠となっています。

極真空手の大山倍達総裁は、『わが空手修行』（1983年刊）の中で「柔道においては、相手を倒そうと思ったら、その前に、相手を必ず掴まなければならない。（略）これに対して、空手は一撃必殺、相手の体に触れたときには、すでに勝負がついているのである。この差

柔道と空手の攻撃技における構造の違い

空手の突き蹴りは一方向へ向けた一点接触によって攻撃を完結させることができるが、柔道はその多くの技法が「相手を掴む」ことを前提とした、「押し」「引く」という二点接触による二方向への偶力（一対の力）として技が完結する構造を持っている。

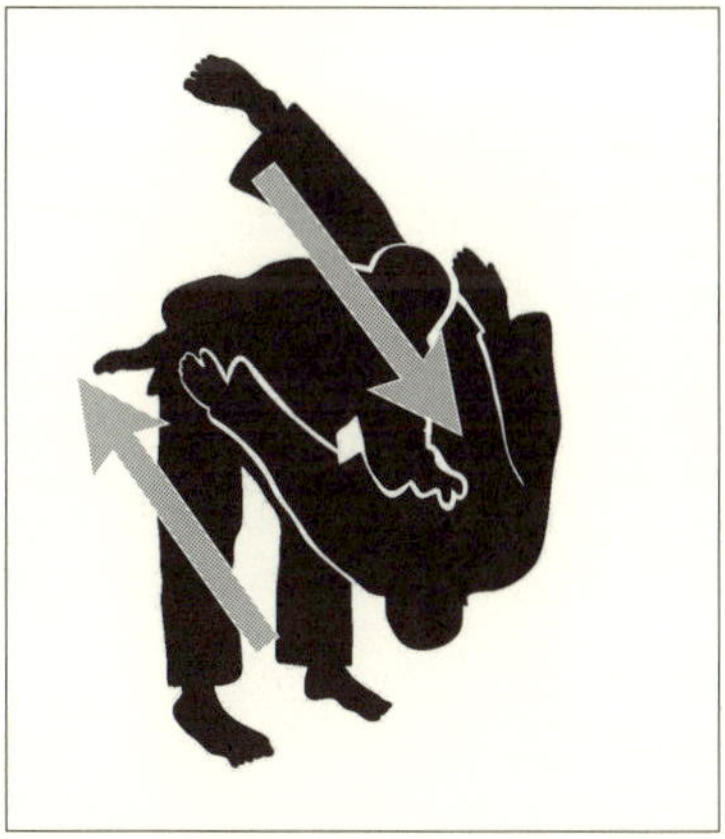

が空手と柔道の決定的な相違である」と述べていますが、これが「空手最強論」の根本的な論理なのです。そもそも嘉納師範は二点二方向性を柔道の「長所」として説明したのですが、一部の空手関係者はこの構造を柔道の「短所」と捉えて空手の一点一方向性の実戦的優位性を示すプロパガンダに利用しました。

この空手最強神話はグレイシー柔術の登場まで続きますが、現在ではさすがに「一点一方向性」の技術が有利とする主張は姿を消したようです。

現在、優勢な意見となっているのは、武術家で編集者の山田英司《えいじ》さんが言うように、競技の場においては、柔道・柔術のように「面」で攻めるほうが、空手・拳法のように「点」で攻めるより有利という説です。「密着度の高い技(つまり組み技)を得意とする者が、徐々にエネルギー投射率が相手より高くなるため、時間が経過すればするほど有利になる」という考え方です。初期の総合格闘技でグラップラーのほうがストライカーより遥かに勝率が高かったのはその反映といえるでしょう。

もっとも山田さんは複数の相手や武器を持った相手への対応が難しい寝技ベースの組み技格闘技の実戦的対応力には否定的であり、護身や実戦の場に適しているのは打撃格闘技であると主張していますので、競技ルールと実戦の場での有用性は分けて考えなければならないのかもしれません。

また、山田さんの意見に対しては異論もあるようですが、突き詰めると「最強格闘技論」や「対複数・対武器有用論」的な方向へ話が行ってしまい収拾がつかなくなります。本稿テーマと乖離《かいり》しますのでここで打ち切ります。

さて、話はここでタックルに戻ります。ここまで柔道は「二点二方向性」の技で構成されていることを説明してきましたが、タックル系の技は柔道の中で唯一「一点一方向性」の技術的特徴を含みます。もちろん、片手組みの状態から朽木倒しや踵返しに展開するというパターンもありますが、相手と距離を置いて、全く組んでいない状態から一気に飛び込んで双手刈りを繰り出すことも可能なわけです。

タックルの「ヤリ得」

タックルをベースとする柔道は競技の場では極めて有利な戦術を組み立てることができます。自分には何のリスクもない組んでいない状態から「常に先に攻める」ことができるからです。

しかも前述の通り、多くのタックラーの技は攻勢点狙いのフェイクか、せいぜい相手に尻餅をつかせる程度の軽微なポイント狙いの見せ掛け技です。

こんな馬鹿げた柔道が本当に通用するのかといえば「通用する」から問題になったわけです。記憶に残るのは、北京五輪60キロ級で平岡拓晃《ひろあき》選手が初戦の2回戦でアメリカの無名選手ウィリアムズマレーに苦杯を喫した一戦です。この相手の経歴は不詳ですが、完全に元レスリング選手だと思います。5分間全く組まず、離れた間合いからタックルを繰り返すだけ。それでも相手が「常に先に攻めている」ため、平岡選手に指導が与えられて優勢負けという結果になってしまったのです。これはもはや柔道ではありません。こんなつまらない試合をまた見たいという人がいたらお目にかかりたいです。

私はタックル自体を否定しているわけではありません。冒頭の松原教授の意見同様、実戦的意義を認めるからです。では、何が問題なのでしょうか？

柔道の試合が武道的価値観の下で武道の論理で徹頭徹尾串刺しにされているのなら、タックルを繰り出すことには何の問題もないでしょう。タックルを失敗してフロントチョークやがぶりからの膝蹴りを食うリスクも含めて何でもありならば、という意味です。

ところが、現代競技柔道の試合開始から終了に至るまでの審判から見た優劣の判断は終始一貫スポーツの論理に基づくルールが支配しています。その中に武道的な観点から正しいとされる技をパッチワークのようにはめ込んでも、うまくいかないのです。

タックラーは完全に「ヤリ得」となります。何のリスクも負わない離れた間合いから先に技を繰り出せ、攻勢点をアピールできるばかりか、失敗しても亀になってひたすら寝技を防げば、審判が「待て」で救ってくれます。

総合格闘家として活躍した柔道経験者の菊田早苗《さなえ》選手がかつて自身のブログの中で面白いことを書いていました。

「柔道のルールというのは、例えばかけ逃げ気味になった、結果寝技になった、場外に出た、すべての局面でブレイク、すなわち『待て』がかかります。つまり、自分の取った行動に責任を取らず、また初めからの体勢に戻れてしまう。ここがポイントでMMAにはこれが出来ません」（『菊田早苗日記』2012年8月4日）と……。

スポーツのルールの中に部分的に武術的要素をはめ込んでもうまくいかないため、「タックル禁止」はやむを得ないというのが私の考えです（もっとも、技術としては保存すべきですし、全日本選手権など体重無差別の試合におけるタックル禁止は、体の小さい選手が勝つ手段を奪うので反対です。また掬《すく》い投《な》げや肩車《かたぐるま》まで禁止にするのは疑問です）。

タックルを毛嫌いする日本柔道

実のところ、日本柔道界は歴史的にタックルのことを、ルールの上で禁止されているわけでもないのに、無根拠に毛嫌いする傾向がありました。

1972年のミュンヘン五輪直後に安倍《あべ》一郎現十段が、「試合においては脚を取って倒す動作が頻繁に行われ、ややもすれば審判員がこの脚取りで倒したものを判定の資料として取り扱っている者もいて、判定の正確さを欠いた面もあった。この脚取りの動作についても審判規定で一応規制されているが、私は今回の試合ほどこの動作が頻繁に行われたことを見たことがない」（雑誌「柔道」1972年10月号）とありますが、これは奇妙な言説です。当時、脚取り技は禁止されていたのでしょうか？

前世紀中の国際柔道連盟（IJF）審判規定の変遷を見ても、「脚取り技が規制された」という記述は、私の知る限りではどこにも見つかりません（ひょっとして、審判の口頭での申し合わせのようなものがあったのでしょうか?）。

その証拠に翌1973年ローザンヌ世界選手権軽中量級では野村豊和《とよかず》選手（野村忠宏さんの叔父）がソ連のアナトリー・ノビコフに双手刈りで一本負けを喫しています（野村は

敗者復活戦を勝ち上がり優勝した）。そのほかにも、日本柔道界ではルール上の根拠のないタックル不要論が至る所で見られます。

「近代柔道」誌の名物コラムだった「柔道時評」では、ペンネーム青山雄二を名乗った山岸均さん（昭和30年代に全日本選手権などで活躍した名選手）が『きびす返し』『朽木倒し』などはタックル柔道から生まれた異端の産物であって、要約すれば国際ルールが普及してから生じたものでしかない。これはむしろ名称と共に消え去った方が歓迎できる」（1994年4月号）とまで言い切っています。

一方、現在のタックル擁護論の多くは「タックルはそもそも柔道にある伝統的な技だから」というものですが、これも微妙です。確かに不遷流《ふせんりゅう》には「膝折《ひざおり》」という脚取り技が存在しましたし、嘉納が学んだ天神真楊流にも「朽木倒」という現在と同じ名称の技が存在しました。戸塚派揚心流、関口流にも同様の技法があったことが文献に残っています。ですが、講道館が制定（1895年）した「五教《ごきょう》の技」の中には脚取り技は含まれていません。

講道館創成期の試合に脚取り技が使われたのかどうかは知りませんが、少なくとも主要な技ではなかったことだけは確かなようです。つまり、古流柔術では技として存在しましたが、その後、講道館ではほとんど使用されず、長い空白時代があったと思われます。

「脚取り技」創始伝説

脚取り技の創始に深く関わったのは、戦前から戦後にかけて長く活躍した神田久太郎《きゅうたろう》九段とする説が有力です。

神田久太郎は雑誌「柔道」（1957年5月号）誌上の「巨人に対する技術の研究」の一文の中で、講道館入門以前に学んでいた戸塚派揚心流柔術の師に朽木倒（注・実際には朽木倒しではなく現在の双手刈りの技法だったという）の教えを受けたと書いています。神田は肩車や脚取り技を得意とし、試合でそれを盛んに使用したので、「神田が柔術から講道館に持ち込んだ」というのが定説となったようです。

一方、別の史料に所収されている三船久蔵十段の本人談では、大正6年（1917年）に六段に昇段し、『大車《おおぐるま》』『踵返し《きびすがえし》』『双手刈り《もろてがり》』『三角固め《さんかくがため》』など独自の技を開発した」とする記述があるようです。

この1917年というのは、神田久太郎の講道館入門（1923年）の前ですので、この年号が正確ならば、踵返し、双手刈りの開発は神田ではなく、三船というのが正しいことになります。実は当時の講道館は派閥化しており、神田久太郎は「三船派」に属してい

天神真楊流における「朽木倒」。右手で胸を押しつつ、左手で相手の膝を払う。距離をおいた攻撃に対して一気に飛び込んで極める技法。

代名詞である「空気投げ」こと隅落をはじめ、特に両腕の巧みな操作を駆使した多彩な技を体現してみせた三船十段。写真は玉車。

たことを考慮すれば、三船師範が弟子筋の神田久太郎に「踵返し」や「双手刈り」を伝授したと考えると三船創始説は辻褄が合います。

醍醐《だいご》敏郎《としろう》著『写真解説 講道館柔道 投技 手技・腰技』（1999年8月刊）では、脚取り技の創始の経緯について、双手刈りを完成したのは神田九段、踵返しを編み出したのは三船十段とする記述が見られますが、朽木倒しはどちらなのか明確な記載はありません。

「神田創始説」と「三船創始説」のどちらが正しいのかについては明確な根拠を示すことは難しいですが、少なくとも脚取り技が大正期以降に創られた新しい技であることだけは確かなようです。

この仮説が正しいとすると、タックル肯定派が論拠とする「タックルはそもそも柔道にある伝統的な技である」という説は「タックルは講道館の中では比較的新しい技でしかない」と書き変えなければならなくなります。

他の武道の類似例を見てみます。極真会館などのフルコンタクト空手には「胴廻し回転蹴り」という奇襲技があります。かつて飯泉《いいずみ》俊明選手が1993年極真全日本ウェイト制大会でこの技で3連続一本勝ちを飾ったり、2011年新極真世界大会準決勝で塚本徳臣《のりちか》選手がロシアのローマン・ネステレンコに一本勝ちを収めたり、威力のある技であることは疑うべくもありません。

しかし、だからといって、この技が1試合に10回以上も使われたら、試合そのものが成立しなくなってしまいます。柔道のタックル同様、「飛び道具」的に使われるこの技を、時間稼ぎや攻勢点狙いで使う選手も出てきますので、収拾がつかなくなってしまうのです。失敗しても倒れた相手には攻撃できませんので、リスクを負わないところも柔道のタックルと同様です（現在はルールで「ヤリ得」とならぬよう対策を講じている団体もある）。

七帝柔道においても、タックルをしていきなり亀になって相手のズボンの裾を掴む通称「タックルガメ」という戦法が、時間稼ぎや引き分け狙いに悪用されました。これはさすがに柔道じゃないと、東大が平成3年から10年間も七帝柔道を脱退する原因の一つとなった曰く付きの技が、このタックルです。

タックル柔道は低く構えるのが常套手段ですので、お互いに組み合わなくなり、投げ技で一本を目指すスタイルを阻害するという副次的な悪影響もあります。アップライトで構えるからこそ豪快な投げ技が決まるのに、低い構えでは投げが決まりにくくなります。

以上のようにタックルは競技柔道には適合しにくいという持論を展開しましたが、次章は「現代柔道の病巣・組み手争い」について論じます。■

第7章

現代柔道の病巣 “組み手争い”

組もうとしないＪＵＤＯ選手

世間では「柔道とＪＵＤＯ」の違いについてよく言われますが、果たして本当に違いはあるのでしょうか？

柔道界の重鎮の中には「柔道とＪＵＤＯ」の違いは「ない」と言う人もいます。その根拠は、柔道には、そもそもサンボやモンゴル相撲のような多様性のある技術が含まれているという考えに基づくようです。

ですが、私はやはりＪＵＤＯは「ある」と思っています。もっとも、私は「柔道＝日本」対「ＪＵＤＯ＝海外」という極めて漫画的な図式は存在せず、ＪＵＤＯとは国に関係なく個人的資質に負う特徴が大きいと思います。

私の主観としてのＪＵＤＯの選手とは「組み手争《くであらそ》いや掛け逃《かに》げをする選手」、つまり「正しい柔道」をしようとしない選手のことだと思っています。度を越えた「組み手争いをする選手」は、日本選手の中にもザラにいます。

近年、掛け逃げは罰則規定が厳しくなってきたため以前よりは少なくなってきたように思いますが、問題は組み手争いです。組み手争いは掛け逃げと違い、相互的行為であり、どちらの選手に原因があるかを判別しにくいため、片襟（相手の同じ側の襟と袖をとった組み方を5秒を超えて続けると反則）のように組み方が外面的事実に照合して規定に違反していない限りは、実効的な規制が難しい状態なのです。

もちろん、国際柔道連盟（ＩＪＦ）は手をこまねいているばかりではなく、ロンドン五輪以降は、タックルの禁止や組み手の厳格化で「組み合う柔道」を促進しており、総体的な印象としては組み手は以前より改善しているという印象はあります。リオ五輪では、リネールのような極端に組まない試合もあったものの、組み合う試合が増えたと評価されているようです（私も同意します）。

ですが、そもそもルールで組み手争いを完全に禁じることは不可能ですので、今後も「いたちごっこ」のように、ルールの抜け道をくぐって組まない選手は後を絶たないでしょう。

ある程度の組み手争いは戦術的に肯定できますが、組み手を切ってばかりいたり、片手組みでしか戦わなかったり、そもそも組もうとしないという行為は、柔道を面白くないものにする諸悪の根源であるとすら思っています。

「組み手争い」と「組まない柔道」

組み手争いが面白くない柔道の「諸悪の根源」であるとは辛辣《しんらつ》に言い過ぎなのではないかと思われるかもしれませんが、私はこれについては語気を和《やわ》らげるつもりはありません。むしろ、この意見は柔道界上層部でもコンセンサスを得たものであるとすら思っています。

私は長年「組み手争い」に関して、マスコミに報じられた柔道界の様々な見解を見聞きしましたが、講道館の上村春樹館長、全柔連の山下泰裕会長はじめ、著名な柔道人のほぼ全ては度を越えた組み手争いには否定的です。

日本柔道界には「組み手に妥協するな」という意見は多く見られますが、これは程度の問題です。きちんと組み合うことを目的として組み手にこだわるのならば許容範囲内だと思いますが、組み手を切ってばかりいる選手には、そもそも相手と組み合うという発想すらありません。自分が技を繰り出す瞬間に自分だけ組みたいという独り善《よ》がりの、極めて自分勝手な柔道なのです。

「組まない柔道」で記憶に新しいのは、2016年リオ五輪男子100キロ超級のテディ・リネール（フランス）と原沢久喜の決勝戦です。

仮に、リネールが今度の東京五輪で、またリオ五輪決勝の時と同様に「組まない柔道」を展開してしまったら、テレビ視聴者の多くは馬鹿馬鹿しくて柔道を観なくなるでしょう。何せリオ五輪決勝は、講道館の尾形敬史《たかし》編輯《へんしゅう》部長によると「リネール選手と原沢選手が（5分間の試合中に）共に組んだのは僅か15秒」（雑誌「柔道」2017年4月号）という酷さでしたので……。

柔道界は今後の成り行き次第では、「柔道そのものが終わってしまう」という程の深刻なダメージが生じてしまうことを肝に銘じるべきでしょう。

これについて、当のリネールは、「私も理想は日本と同じ一本を取る柔道。ただ、勝つためには守備を優先せざるを得ない」（「東京スポーツ」2017年6月15日）と、今後もリオ五輪時の守備的な組み手スタイルの柔道を変えるつもりはないようです（但し、2017年、2018年の世界選手権で原沢久喜など日本の重量級は不本意な結果に終わっており、リネール戦まで辿り着けるかどうかは別の問題ですが……）。

リオ五輪以降に制定された新ルールは、リネールのような〝組まない柔道〟封じが目的の1つにあったことが関係者により明らかになっています。

本戦の4分間の中での指導数の差による優勢勝ちを認めないという新ルールにより、リネールは「先に指導を相手に与えて、後は組み手で翻弄して逃げ切る」という常套手段は

2016年に行われたリオ五輪・柔道男子100キロ超級における決勝戦、フランスのテディ・リネール（左）×原沢久喜。長身に長い腕を活かして、原沢に組ませないリネール。（写真提供 / 時事通信社）

使いにくくなるとは思います。しかし、指導3つの累積で、反則負けとなるルールがある以上、リネールは基本的には今まで通り「指導狙い」の柔道が可能です。今回のルール改定が根本的な問題の解決になるとは到底思えません。

「きちんと組む」は、武道として正しいか？

以上は、スポーツとして観る立場から「組み手争いは面白くない」という私見を述べたものですが、武道としてやる立場から「組み手争いは正しい」と言えるのでしょうか？

「正しい柔道」とは「きちんと組んで、理にかなった技で一本を取る柔道」と定義付けられるものであることは、第2章の中で言及した通りです。ですが、この「正しい柔道」とは武道の術理的な目的と照らし合わせても妥当性のある定義なのでしょうか？

私は武道の術理的な本来の目的は不当な暴力に対する護身や戦場の生死を懸けた実用のためのものであると考えます。

だとするならば、「正しい柔道」の定義は武道の術理的な目的から外れたものであるような気がしてなりません。「武道＝実戦のサバイバル術」と捉えた場合、「きちんと組む」

という発想自体、極めて武道的ではないからです。

武道的には間合いを無視して「きちんと組む」行為は危険で、むしろ「不用意に組まない」ほうが遥かに安全であることは言うまでもありません。

昔から武道では「一眼《いちがん》二《に》足三《そくさん》胆《たん》四力《しりき》」が心構えとされています。この言葉は「一眼」、すなわち目の働きによって相手の動きを知って間合いをはかることが第一義であり、「二足」、足の働き（運足）による敏捷な移動力で間合いを取ることを第二義としているのです。つまり相手との間にいわゆる「一足《いっそく》一刀《いっとう》」（約六尺）の適正な「距離」と「位置」をベースとして保ちつつ、機を窺《うかが》って攻め入ることが、武道の普遍的な重要課題であると説いているのです（もちろん有利な間合いは状況によって変わりますので、必ずしも一定の距離ではありません）。

もっとも「一眼二足三胆四力」は剣術の極意としての意味合いが強く、日本刀という触れただけで致命傷を負う武器の所持を前提としたものですので、「一眼二足」の重要性は過大評価されているといえます。ですが、本来の柔道・柔術にしても、自分は無手でも、相手が武器を持って攻めてくることを想定していますので、間合いの重要性は同様に無視できません。

日本合気道協会の富木謙治師範は、著書『武道論』（１９９１年刊）の中で、「一眼二足三胆四力」を、『柔の理』を具体的に生かすためにつくられた最善の方法」と表現し、最大限の評価を与えているほどなのです。

ですので、「正しい柔道」のいうところの相手との武道的な間合いを一切無視して「きちんと組む」というのは、あくまでも「スポーツとしての競技柔道の心構え」を説いているに過ぎないのです。

スポーツ的概念としての「正しい柔道」

「きちんと組む」の具体的な方法についても、柔道の基本とされる「お互いに袖と襟を持ち合う自然体の構え」を想定していることは容易に想像がつきますが、その組み方とて、武道的に合理性のあるものなのかどうかは疑問です。嘉納治五郎師範自身もこの組み方を「初心者を導くに必要なのでこれを最後まで用うべき形というのではない」としており、「相手が突いて来たり、蹴ってきたときに応じ得る身構えして接近せねばならぬ」と述べています。相手と組み合うにしても、サンボのようなフレキシブルな組み手のほうが実戦的なような気がしますし、「正しい柔道」の袖と襟を持つ組み手では、相手が組んだ状態から頭突きやパンチを繰り出してきたら避けきれません。

これについて東京大学の松原隆一郎教授（当時）が示唆に富んだ発言をしています。松原教授は空道《くうどう》の指導で、「私は武道としてはそのように持つこと（注・柔道の基本の組み手）は薦めないいんです」、「左右の襟と袖を持つと、相手に頭突きされてしまいますから」、「片襟片袖だと頭突きや殴ることはガードできます」（「現代スポーツ評論」第21号２００９年11月20日）と、私と全く同じ意見を述べていました。

ぼんやりしていた「正しい柔道」の輪郭が段々ハッキリとしてきたと思います。「正しい柔道」とは武道本来の目的を忘れた、スポーツに矮小化《わいしょうか》された概念に過ぎないのです。実はこれについて松原教授は自著『武道は教育でありえるか』（２０１３年６月刊）の中でズバリ指摘していました。

「古い伝統を知らない世代が、柔道の起源に当たる技術を『本来の柔道ではない』と否定しているのです。自分たちが道場や試合で個人的に見知った狭い経験だけを『伝統』とみなし、そこに固執する態度です。（略）今日の『正しい柔道』という考え方は、嘉納の教えを忘れた『新しい伝統』『捏造された伝統』に過ぎないのです」と。

「きちんと組む」という行為も、武道的な視点で見れば、「新しい伝統」「捏造された伝統」であると言ったら、それは言い過ぎでしょうか？

「組み手争い」無意味説

組み手争いについても、かつて総合格闘家として名を馳せた平直行《たいらなおゆき》さんが興味深いことを書いていています。

「そもそも、組み手争いに、武術としての意味はあまり無い。武術には打撃も在るから、組み手争いの前にやるべき事が在る。組み手争いをするのなら、殴ったり蹴ったりも入れた方が良い。実戦を言うのなら、組み手争いは、無いと考えた方が良い」（『平直行ブログ柔術武術操体』２０１２年2月7日）

なるほど！　私はきちんと組むことはスポーツ的であり、武術的ではないと思っていました。故に、その対極にある組み手争いは、武術的には肯定されるべきだと思っていたのですが、打撃技があるならば、打撃の間合いでの組み手争いは武術的に無意味だという点には全く思い至りませんでした。

しかし、この平さんの持論とて、あくまで仮説です。この「武術における組み手争い無意味説」を具体的に検証することは可能でしょうか？　もちろん、完全なる検証は難しいですが、解《かい》に近い近似値を求める方法はあります。

「打撃技を認める着衣総合格闘技」の試合における組み手の動向をモニタリングすれば良いのです。多くの試合をサンプル分析すれば、その傾向の大筋は把握できると思います。ですが、「打撃技を認める着衣総合格闘技」は世界中を見渡してもさほど多くなく、日本で格闘技ファンに馴染みのあるものとしては、大道塾空道、J－DO（活動停止）、コンバットサンボくらいでしょうか。

最もサンプル数の多い大道塾空道は、立った状態の掴みや寝技の時間が制限されるために、打撃技と組み手争いの因果関係が正しく反映されていない可能性がありますが、試合で組み手争いとなるケースはあまりないようです。

今世紀初頭にプロ格闘技として旗揚げされたJ－DO（ジェイ・ドウ）は、「柔道ベースに打撃技を加えた」ルールや参加選手に柔道家が多かったという競技人員構成上、打撃技と組み手争いの関係性を示す良いサンプルでしたが、短期間で活動停止となってしまい、現在ではネット上で閲覧できる映像も残っていません。

コンバットサンボは、現存する着衣総合格闘技としては最も「柔道＋打撃」に近く、パンチ、キックどころか頭突きすらも認められています。ネットではエメリヤーエンコ・ヒョードル戦をはじめ数試合のノーカット映像や、大会ハイライト映像がいくつか残っているだけで、サンプル数は多くはありませんが、組み手争いになる局面は全くと言っていいほどありません。また、戦法として、片手で掴んで、もう一方の拳で相手を殴る技術も用いられるので、悠長に両手を使って組み手争いをする余裕などないのは明白です。

これらのコンバットサンボの映像を見る限り、平さんの唱える「武術における組み手争い無意味説」はほぼ証明できるのではないかと思います。

平直行さんは高校時代までに極真空手（のちに大道塾）やボクシングを経験し、修斗を経てシュートボクシングで活躍。正道会館やリングス、さらにはプロレスのリングにも立ち、ブラジリアン柔術をも習得。指導者として活動している格闘技の申し子です。他にサンボやレスリングも学び、武術への関心から中国武術、太気拳、柳生心眼流も研究するなど博学多才。多くの格闘技に熟達し、卓越した知識と理論の持ち主ですが、このコメントは私にとって目から鱗が落ちるような、大きな気付きを与えてくれる言説でした。

「組み手争い」の存在意義を問う！

さて、本章では、ここまで3つのことを指摘してきました。

一つ目は、スポーツとしての柔道では、組み手争いは競技の面白さを損《そこ》なう諸悪の根源であるということ。

二つ目は、武術としての柔道では、「一眼二足」を無視して組み合うのは危険で、「正しい柔道」とはスポーツに矮小化された概念に過ぎないこと。

三つ目は、武術としての柔道では、相手が突いたり、蹴ったりする打撃の間合いでは組み手争いには成り得ず無意味だという仮説が有力であること。

武道を競技化する際に、武道関係者が優先課題とするのは、次の2つです。

①武道としての守るべき術理を維持し、高い実戦性を損なわないこと。
②スポーツとしての妥協点として、最低限の面白さを担保すること。

しかし、現代競技柔道の組み手争いは、武道の術理にも実戦性にも無関係であるばかりか、スポーツの面白さを著《いちじる》しく損なうものであるというのが私の主張です。『武道的にもスポーツ的にも無意味な』組み手争いに、一体、何の存在意義があるのでしょうか？

それに対して、以下の擁護論は成り立つのではないかと思います。

「正しく組むこと自体に武道の術理は無いが、組んだ後の攻防技術に柔道の術理が活かされている。柔道を『組み合うスポーツ競技』として局面設定した以上は、柔道固有の技術を活かすためには、その前提条件として正しく組むことが必要なのである」と。

組み手争いの氾濫は、今のままでは柔道のオリンピック競技からの除外につながりかねない危機的な状況です。ひょっとしたら、21世紀の柔道の最終形となるのは、パラリンピックの視覚障害者柔道のように「最初から組み合う柔道」なのかもしれません。当然保守派の反発は大きいでしょうが、それ以外に組み手争いを回避する効果的な方法は見当たらないからです。

次章は「左組み選手の増加による柔道の変質」について考察します。■

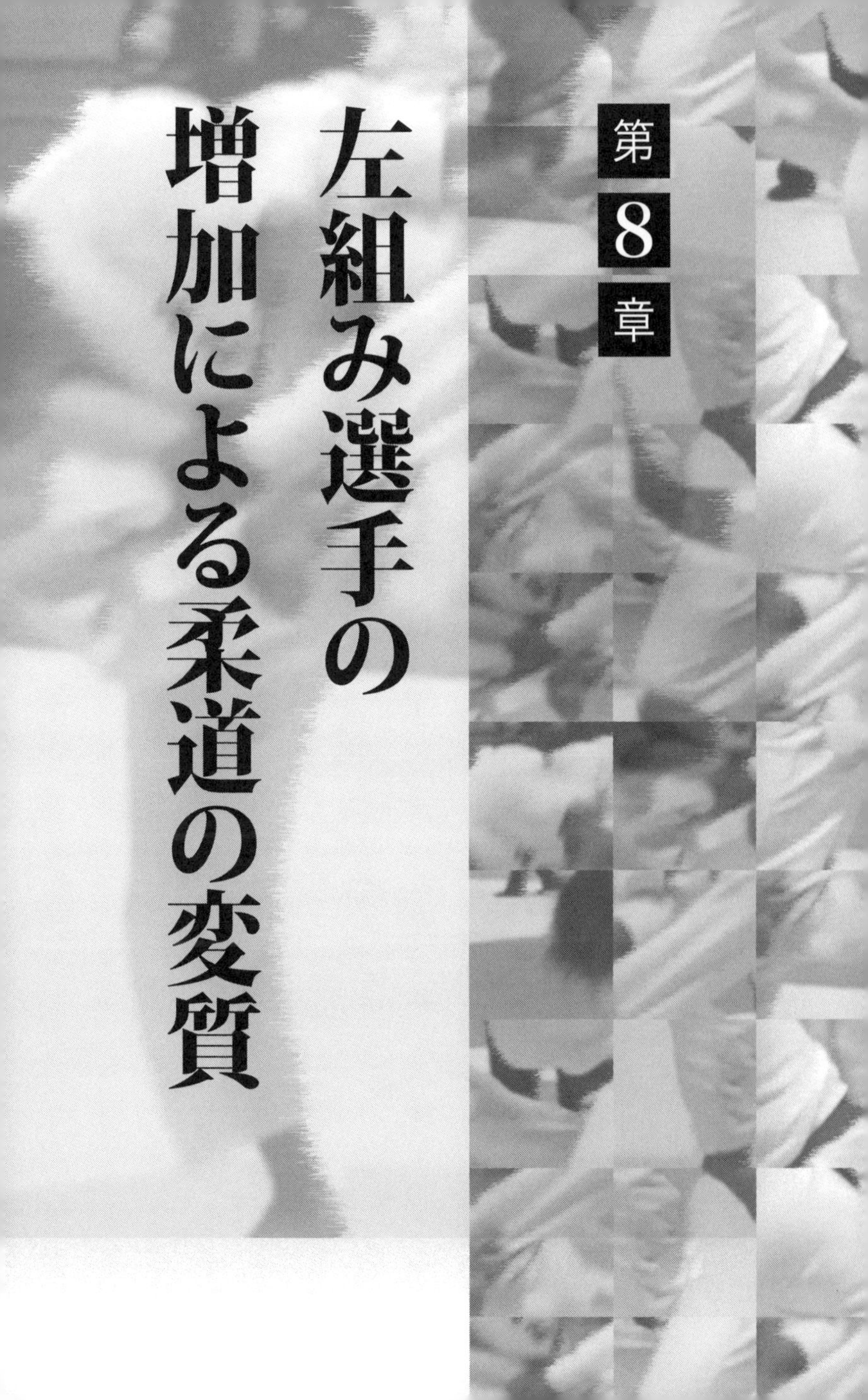

第8章

左組み選手の増加による柔道の変質

左のクセ者と右の天才

前章は組《く》み手《て》争《あらそ》いが面白くない柔道の諸悪の根源であることを考察しましたが、本章は組み手における左組み選手の増加と、それが組み手争いに与える影響について考察します。私は組み手争いの氾濫の主な原因に「左組み選手の増加」があると思っています。

最初にお断りしておきますが、左組みであること自体は、もちろん何ら問題があることではないと思います。日本柔道史上の名選手を組み手の左右別で分類すると、個人的にはむしろ左組み選手の中に好きな選手が多い位です。男子の著名選手の例を挙げます。

左組みでは神永昭夫、佐藤宣践《のぶゆき》、笹原富美雄《ふみお》、篠巻政利《しのまきまさとし》、上村春樹、山下泰裕、斉藤仁、正木嘉美、須貝等、小川直也、篠原信一、棟田康幸、鈴木桂治、穴井隆将、石井慧《さとし》など重量級のスター選手の多くが該当します。中量級以下では中谷雄英《なかたにたけひで》、関根忍、湊谷《みなとや》弘、松田博文、丸木英二、園田義男、津沢寿志《ひさし》、藤猪省太《ふじいしょうぞう》、森脇保彦、香月清人《かつききよと》、日蔭暢年《ひかげのぶとし》、松岡義之、細川伸二、山本洋祐《ようすけ》、岡田弘隆、吉田秀彦、内柴正人、泉浩といった五輪・世界王者の名前が挙がります。左組みの名選手の総体的な印象は、『自分の型を持った技巧派でクセ者』というイメージです。

一方、右組みでは猪熊功、岡野功、野村豊和、遠藤純男《すみお》、中西英敏、古賀稔彦、野村忠宏、瀧本誠、井上康生、大野将平、阿部一二三《ひふみ》など、私の好きな右組みの選手には、偶然背負い投げの名手が多く名を連ねています。この中では井上、瀧本、大野は内股系の選手(井上は背負い投げも巧いですが)で、野村、阿部はオールラウンドのタイプですが、何れ劣らぬ業師《わざし》です。右組みの名選手の総体的な印象は、『切れ味鋭い技の持ち主で天才肌』というイメージです。女子の谷亮子、谷本歩実も右組みですが、この天才肌のグループに入るのではないかと思います。

全日本選手権で3度優勝した王子谷《おうじたに》剛志《たけし》選手は大外刈りが得意で、右組みトップ選手の中では私のイメージとは大分異なりますが、支え釣込み足や体落としも巧く、背負い投げや袖釣込み腰、浮落としなど多彩な技を見せるなど巨漢の割には器用なタイプですので、類型的には「天才肌」に近い面もあります。近年の重量級は、上川大樹《かみかわだいき》、七戸《しちのへ》龍、原沢久喜選手など右組みの選手が増えているのが特徴です。復調目覚ましい原沢選手は長身で内股、大外刈りが得意でオーソドックスなタイプですが、今や日本重量級のエースとして、東京オリンピックへ向けて大きな期待がかかっています。

上記の右組み、左組みのイメージには異論もあるかもしれません。例えば、右組みの故・猪熊功さんは、生前、ライバルだった故・神永昭夫さんを「天才」と評し、自分は「努力」

の人という表現を好みましたので、もし、ご存命なら「天才肌」という表現には拒絶反応を示されたかもしれません。私の意図する「天才肌」というのは、あくまでも技術的な外観上の分類です。

左組みの山下泰裕さんは、一本勝ちの山を築いたので、「切れ味鋭い技の持ち主で天才肌」ではないのかと疑問を持たれると思いますが、山下さんは決して一発の技の切れ味を誇った選手ではなかったように思います。得意技は内股、大外刈り、大内刈りの３つで、この３つの技の間を行ったり来たりしていましたので、「振り子柔道」と評されたことがあります。また、ライバルの遠藤純男さんは山下さんを「技が切れないのが強味（注・内股や大内刈りなど一気に技に入らずにジワジワと攻めるので透《す》かしたり返したりしにくいという意味ではないかと思います）」（「近代柔道」２００６年11月号）と評した程なのです。

山下さんは立ち技から立ち技、立ち技から寝技といった連絡技の巧さや相手の「虚《きょ》に実《じつ》をぶつける」タイミングの絶妙さ、必殺技のケンケン内股のように〝一つの技で徐々に相手を崩す〟しつこい攻めが持ち味でしたので、私の中での分類上は完全に「自分の型を持った技巧派でクセ者」の名選手となります。

左組みでライバル斉藤仁を攻める山下泰裕（左。全日本大会における9連覇達成時での決勝戦）。山下の柔道は天才というよりも、しつこいまでに粘り強い柔道に定評があった。（写真提供 / 時事通信社）

それぞれの左組み事情

さて、それでは左組みの選手はどのように作られるのでしょうか？

日本人が生まれつき左利きである割合は統計的には５％前後と言われているようです。スポーツ選手はそれよりもやや左利きの比率が高いという説もあるようですが、左利きが少数派であることには変わりがありません。

ところが柔道界を見渡すと、左組みの比率が年々上がってきています。現在では、インターハイではほぼ4割以上が左組み、シニアの大会でも組み手の左右の比率はほとんど差がない状況で、例えば２０１１年全日本選手権のように65％が左組みというような逆転現象が起こることもあります。

左組みはエリート集団ほど比率が高くなり、例えば国士舘大学では、森脇保彦、日蔭暢《ひかげのぶ》年《とし》、斉藤仁、内柴正人、鈴木桂治、高井洋平、高橋和彦、立山広喜《たちやまひろき》、加藤博剛《ひろたか》、西山将士《まさし》、石井慧《さとし》など、かつて全日本選手権や国際舞台で活躍したＯＢの多くは左組みです。現役学生の飯田健太郎選手は国士舘史上、オリンピック級の素質を持つ選手としては数少ない右組みのホープです。

以上の状況が示す通り、左組みは本来右利きの初心者に左組みを指導するコンバーテッドサウスポー（矯正された左組み）が大部分であることが分かります。私の知る限りでは、生来の「左利きの左組み」は小川直也さんくらいしか思い浮かびません。小川さんの息子・雄勢《ゆうせい》選手は将来を嘱望されていますが、彼は「右利きの左組み」なのだそうです。

左組みの柔道選手が多い理由について、統計的な調査を行ったデータがありますが、本来は右利きだが「先生に勧められて」左組みにしたという回答が過半数を占めているとのことです。そういえば、これについて、ある道場指導者が左組みを有利と考え、入門した初心者には原則として全員に「右利き、左利きに関係なく、左で組ませてきた」と答えた「近代柔道」誌の記事を読んだことがあります。このような傾向が近年増えてきているのではないかと思います。

ところが、過去の著名選手が左組みにした理由について調べてみましたが、事情はかなり異なっています。昔は最初から指導者に左組みで指導された選手ばかりではなかったようです。

例を挙げれば、篠巻政利さん（世界選手権無差別級2連覇）のように、高校2年の時にたまたま左技を使っていたら自然に左組みになってしまったという理由や、藤猪省太さん（世界選手権中量級4連覇）や日蔭暢年さん（世界選手権78キロ級2連覇）のように中学時代に右肩の怪我で仕方なく左組みで練習していたら自然に左組みになってしまったという理由などが見受けられます。

一般的には有名ではありませんが、上村・遠藤・藤猪と同学年で、異彩を放った中村均《ひとし》といういぶし銀のような名選手がいます。残念ながら近年故人となられましたが、この中村さんは、国士舘大学卒業後、茨城県警に入った年の秋、23歳の直前に試合で右肩を痛めて左組みに変えたという、極めて遅い左組みへの転向例となります。

中村さんは190センチの長身ながら背負い投げが得意で、十字固めは名人芸でした。山下に生涯最後の黒星を付けた直後の全盛期の巨漢・吉岡剛《つよし》選手と昭和53年全日本選手権で対戦し、左背負い投げ〝技あり〟から十字固めで完勝した試合は語り草です。

「先生に勧められて」左組みにしたという典型的な例は、山下泰裕さんと斉藤仁さんですが、この二人の名選手に共通しているのは、最初に柔道を始めた時は、右組みだったということです。山下さんは藤園《とうえん》中学に入学した時に白石礼介《れいすけ》監督から、斉藤さんは国士舘高校に入学した時に川野一成《かずなり》先生から「将来世界を目指すために」という同じ理由で、右組みから左組みに「転向」するように指導されたのです。山下さんについては、小学生時代に左組みの練習をしたことがあるという記述も残っていますが、正式に左組みに変えたのは藤園中学に入学してからのことのようです。

「ケンカ四つ」は体力差を補える？

ここで、「将来世界を目指すために」という指導の背景となる世界の柔道事情を知っておく必要があります。

昔は、外国人の重量級の一流選手は「ほぼ右組み」という印象がありました。実際、ヘーシンク、キクナーゼ、ロジャース、ルスカ、ノビコフなど、山下や斉藤が「将来こういう選手と戦うんだ」と思ったであろう仮想敵はほぼ右組みでした。私の知る限り、当時の外国人重量級一流選手で左組みだったのはチョチョシビリ位です。

それでは、何故左組みの日本人選手は、右組みの外国人選手と戦う際に有利なのでしょうか？　それは「体力差」がキーワードとなります。「外国人の筋力は強いので力では日本人は敵わない」という思想が根底にあります。

「右組み対右組み」の相四つでは、こちらが十分に組んだ状態は、相手にとっても十分に組めている状態になるので、筋力の優れた外国人選手に対してはアドバンテージがないと考えられます。

一方、「右組み（相手）対左組み（自分）」のケンカ四つの場合には、こちらが十分に組

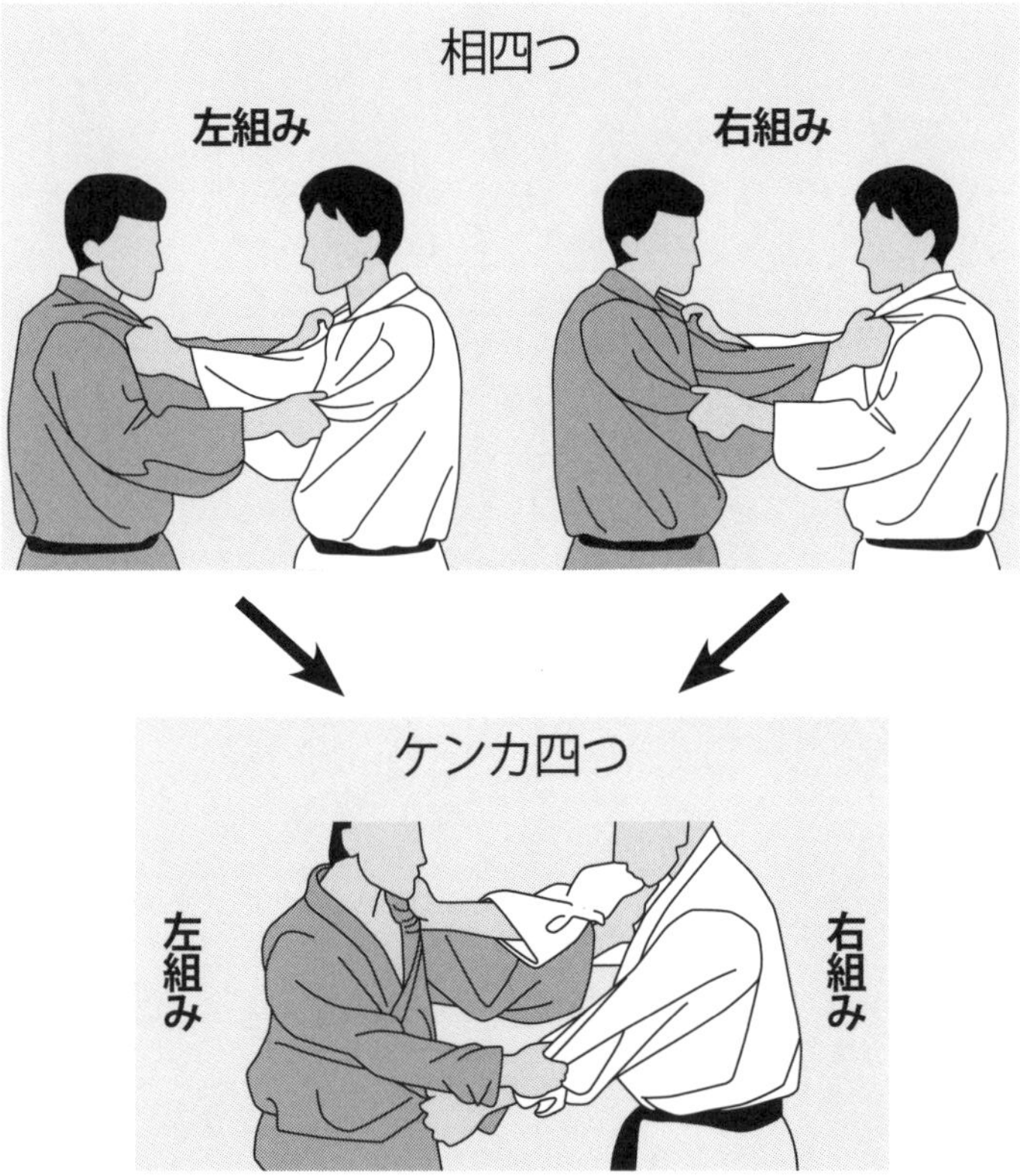

釣り手（襟を持つ手）が右手なら「右組み」、左手なら「左組み」。同じ側の組み方同士が「相四つ」、互い違いとなるのが「ケンカ四つ」となる。

めている状態は、相手にとっては十分に組めていない状態になりますので、外国人のリーチのある怪力選手に対しても優位な状況で試合を進めることが可能となります。

これが、山下、斉藤に「将来世界を目指すために」左組みに変えるように指導した理由だと言えるでしょう。二人の指導者にとって、山下、斉藤が将来、間違いなく世界を狙える「金の卵」だったからこそ行われた指導であったと考えます。特に斉藤選手に関しては、高校入学時という異例に遅い年齢での左組みへの転向ということになりますが、それだけ国士舘の川野先生は斉藤さんの逸材ぶりに惚れ込んだのだと思います。

いつ頃から、どのような理由で、「外国人選手に対してはケンカ四つが有利」と言われ出したのかは定かではありませんが、私論ながら、旧ソ連のサンボ出身選手など変則タイプの怪力選手との対戦の影響があるのではないかと思います。相四つの場合、相手の釣り手を捌《さば》けず肩越しに背中や帯を掴まれて日本選手が苦戦するケースが多かったことなどが主要な理由としてあるのではないでしょうか？

ところが、現在は外国人重量級には左組み選手も増えてきました。フランスの誇るドゥイエ、リネールの両スーパースターは右組みですが、ロシアのコソロトフ、トメノフ、ミハイリンなど左組みの選手も続出しています。

もはや、「将来世界を目指すために」左組みで教えるという発想自体が、甚だ時代遅れとなっている感があります。これは重量級に限らず、軽量級に至るまで全階級で等しく言える傾向だと思います。

そもそも、左右どちらでも組んでくる「両組み」の選手も多いですし、故意に相手とケンカ四つに組んでくる「逆組み」の選手もいますし、両襟や両袖を掴んで左右の技を均等に繰り出してくるタイプの選手もいます。「左組みが有利」という発想にはもはや実効性はほとんどありません。

組み手争いを助長する「左組み」

さて、ここまでは超一流選手の組み手事情について書いてきましたが、ここからは初心者レベルの左組み増加の事情について考察したいと思います。

それは、ここまでにも書きましたが、既成概念で「左組みが有利」と思い込んでいる一部の指導者が初心者に半強制的に左組みを教え込んでいることが要因としてあります。また、柔道界の重鎮の中にも雑誌などで「左組みが有利」と発言している人もいます。

講道館の村田直樹図書資料部長は、「近代柔道」誌の「これで君も柔道博士」という連載の中で、右組みと左組みのどちらが有利かという読者からの質問に対して、「左組みが有利」と答え、その理由について詳しく説明しています（2015年10月号）。

左組みの増加は勝利至上主義的指導方針と合致した現象です。今や強豪といわれる道場や学校の多くは、過半数が左組みとなっているのです。

これは高校野球の強豪校で、ナインの過半数が左打ちのチームが増えているという状況や、ある高校ボクシングの名門校では全員サウスポー（右足を前に出した構え）で教えるという例とも酷似しています。

しかし、そもそも左組みがほぼ半分を占める状況では、「左組みが有利」とする「定説」の根拠は徐々に希薄になってきていると思われます。にもかかわらず、昔に比べて左組みの比率は年々増加してきているのです。

さて、本稿の最初に「左組みであること自体には何ら問題はない」と書きましたが、左組みの増加により副次的に台頭してきたであろう問題があります。異論があることを承知の上で、私見を述べさせていただきます。

左組みは、右組みの選手に対して「組み手争いで優位に立つための対処法」であるというのが原点の意義としてありますから、左組み選手には最初から「組み手争いを肯定する思考回路」が脳内に芽生えます。一方、右組みの選手もその対抗上、組み手争いを強化することが必勝法となります。

その学習体験が恒常化すると、誰もが勝つためには組み手争いが最重要であるという価値観を植え付けられるのです。そうなるとケンカ四つ（右対左）だけではなく、相四つ（右対右、または左対左）の場合においても、組み手争いという戦術は当たり前のことと受け止められるようになります。

今や小学生の大会でも子供達は組み手争いを行い、指導者や親が「組むな！（組み手を）切れ！」と叫ぶ姿を見かけることも多くなっています。

柔道関係者は「強化」の頂点における組み手争いの戦術的重要性にのみ目が行き、「普及」の底辺にある低年齢層の組み手争いの問題が如何に大きいかということには残念ながら目が行っていないように思います。「普及」の戦略的重要性は頭にありません。

子供の素質的に「この子は右組みが向いている」、「あの子は左組みが向いている」という風に適性を見分けて導いてあげるのならばよいと思いますが、誰それ関係なく、全員に「左組みのほうが有利なので、左組みにしろ」と教えるのは間違いであると思います。

私は間違いなく左右の適性はあると思います。野村忠宏や井上康生、大野将平、阿部一二三は、右組みだからこそ天才性を開花させたと思いますし、棟田康幸や鈴木桂治、石井慧は左組みだからこそあのスタイルを築けたと思います。これが逆の組み手だったら、ひょっとして今日の栄光は無かったかもしれないと思います。

無分別な左組みが氾濫している現状のままだと、組み手争いが増えて柔道は面白くなくなる一方だと思います。

さらには、小学校低学年から左組みで組み手争いを覚えた手練《てだ》れの選手には、中学や高校から柔道を始めた右利き右組みの生徒はまず数年では追いつけません。短期的には中学・高校から柔道を始める初心者のモチベーションを奪い、辞めてしまう人も出るでしょう。長期的には右組みの適性を持つ選手に左組みを強要したことで伸び悩み、素質をスポイルされる人が出てくることもあるのではないでしょうか。

以上、「左組みの増加が組み手争いを促進している」という推論の因果関係を証明する手立てはなく、あくまでも相関関係を示すに止まりますが、私は極めて有力な仮説であると思います。飛躍しすぎた仮説でしょうか？

「右で組もうが左で組もうが余計なお世話」と言われればその通りであり、ぐうの音も出ませんが、このままだと視覚障害者柔道のように、「お互いに組んでから始める柔道」をすべきだと主張する意見が出てくるようになるかもしれません。

次章は柔道ならではの技の面白さをテーマに体落とし、浮落とし、隅落としの3つの「調《ちょう》子《し》技《わざ》」（体捌《たいさば》きとタイミングで投げる技）を考察します。■

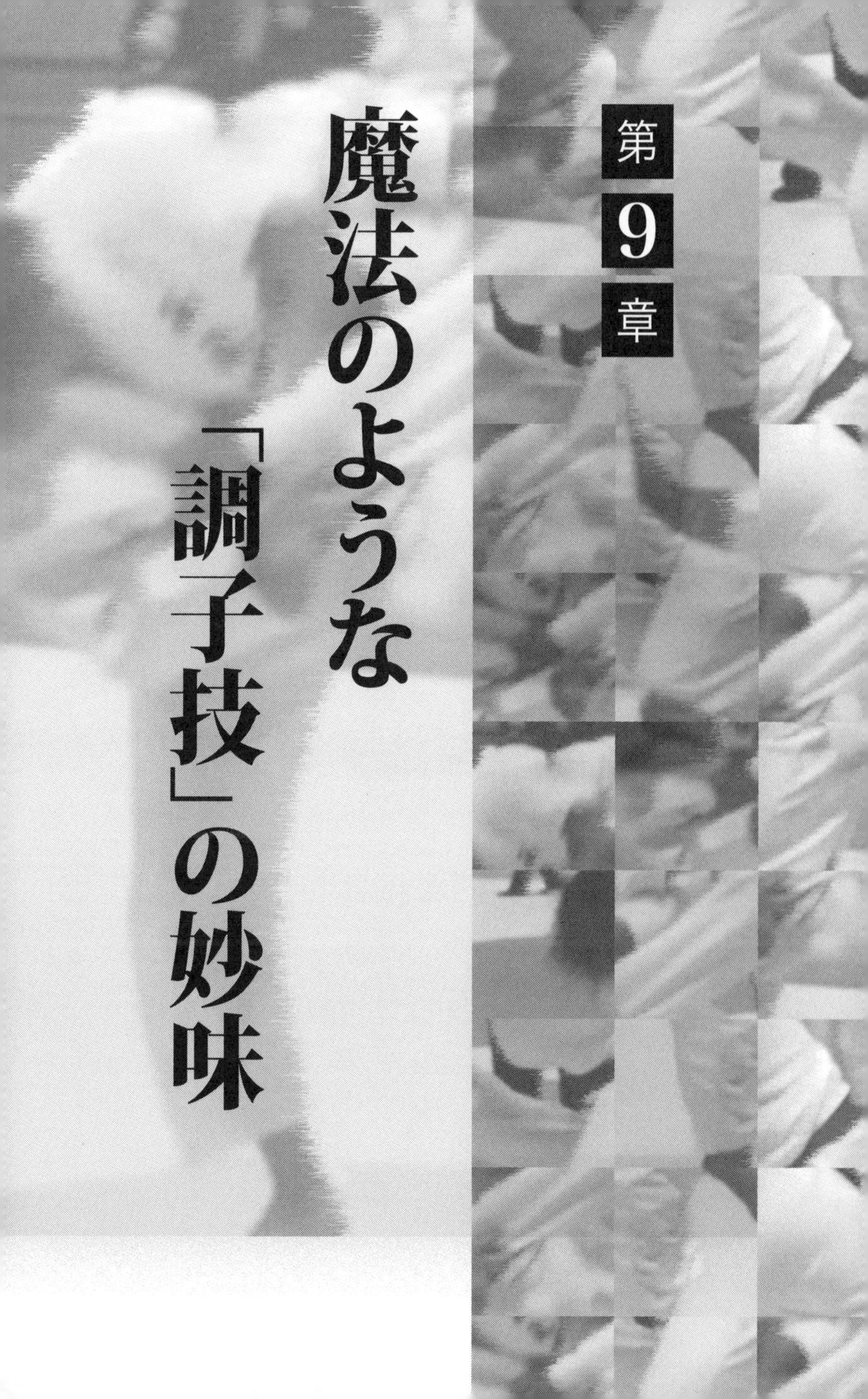

第9章

魔法のような「調子技」の妙味

柔道の華「背負い投げ」と鮮やかな調子技

「マンガなんか見ても、大外刈りが決め技の主人公なんて絶対にいない」と書いたのは、本書で何度か文章を引用させてもらっている身体論に詳しい齋藤孝明治大学教授です（『五輪の身体』２００４年7月刊）。格闘技が大好きで、「特に好きなのが柔道とか相撲」という齋藤教授のお気に入りの技は背負い投げ。「世界で最初に認められた柔道って、背負い投げそのものだという気がする」と言うまで、この技に魅せられているようです。

確かに柔道漫画を紐解くと、『柔道部物語』の三五十五、『ＹＡＷＡＲＡ！』の猪熊柔、『帯をギュッとね！』の粉川巧、『花マル伝』の花田徹丸も得意技は背負い投げや一本背負い。この技が柔道界で最もポピュラーな代名詞的な技であることは間違いないでしょう。

私も「最も好きな柔道の技は？」と誰かに問われたら、迷わず「背負い投げ」と答えます。この技が描く放物線の美しさと相手に背中を向けて担ぐという動作の大きさに言い知れぬ魅力を感じます。

大外刈りの「刈り倒す」という行為には「重力に従順なイメージ」がありますが、背負い投げのわざわざ担ぐという『重力に逆らっている感』がたまりません（実際には極めて合理的で重力に逆らっているわけではないのだと思いますが）。細かいことを言えば、担ぐ背負いばかりではなく、世界選手権4連覇の藤猪《ふじい》省太《しょうぞう》さんなどの引き落とす背負い投げもありますが、藤猪流も含めて、背負い投げは総じて美しいと思います（ポイント狙いの背負い巻き込みだけは嫌いですが……）。

背負い投げの魅力を語ったらキリがありませんが、ここではそれ以外のいかにも柔道らしい技に言及します。

私にとって興味深い技―それは『調子技《ちょうしわざ》』と言われる「体落《たいお》とし、浮落《うきお》とし、隅落《すみお》とし」の3つの技です。調子技とは「タイミングで投げる技」と言えば分かり易い言い換えになります。柔道の技は、足で刈ったり払ったりするか、腰や背中に乗せて施す技が大部分なのですが、調子技は相手を崩して体捌《たいさば》きだけで投げる技のことを指します。相手との身体の接触点が少ないので、鮮やかに技が決まった時には素人目には魔法のように見えます。

特徴際立つ「体落とし」

この3つの技の中で最も有名なのは、現代柔道でも比較的使用頻度の高い「体落とし」です。先ほど私は「最も好きな技」を背負い投げと答えましたが、「最も興味深い技」には文句なく、この体落としを挙げます。何故なら、この体落としには、他の柔道技には見られない、極めて顕著で画一的な傾向と特徴が見られるからです。

プロトタイプな体落としに関する言説としては「ケンカ四つで、相手と間合いを取った時に有効な技」というのがあります。ケンカ四つで有効な技というのは実例を列挙すれば明らかです。

まず第一に、過去の体落としの名手の大部分は左組みだということです。神永昭夫、佐藤宣践《のぶゆき》、関根忍、湊谷《みなとや》弘、篠巻《しのまき》政利、津沢寿志《ひさし》、上村《うえむら》春樹、斉藤仁、小川直也、棟田康幸、石井慧《さとし》など体落としを得意とした王者はほぼ左組みです。ベースボールマガジン社が『技の大百科』（1999年刊）という本の中で解説している体落としの使い手10人の中で、右組みは猪熊功さん（東京五輪重量級金メダリスト）だけです。

昔の右組みの全日本、世界王者で体落としが得意な選手は、猪熊功さんだけだと思います（他の右組みの選手も使いましたが、主な得意技として使った選手はいないのではないでしょうか）。

何故、左組みの選手が体落としを得意とするかというと、体落としは相手と「ハの字」の構えに開いて距離を置いた状態で掛かりやすい技だからです。昔は右組みの選手が多かったので、左組みの選手はその対抗上、体落としを一生懸命習得したのだと思います。

昭和49年度全日本選手権者で、山下泰裕選手を育てるなど指導者としても超一流の佐藤宣践さんは、「相四つの場合は背負い投げ、ケンカ四つの場合は体落としのほうが掛けやすい」とメディアで度々語っています。

「体落とし」と組み方

体落としが他の技と比べて、ケンカ四つの対戦で使用される頻度が顕著に高い技であることは、専門家の統計サンプル調査でも証明されています。体落とし以外では、内股、小外刈り、谷落とし、裏投げなどはケンカ四つの対戦での施技数の比率の高い技です。

ここで猪熊功の体落としに言及したいと思います。猪熊は右組みですが、猪熊の体落としもまた、元々はケンカ四つ対策で磨いた技であることを本人が語っています。「どうしてもオリンピック代表になりたい」という動機から、最大のライバル神永昭夫（左組み）対策として「〝猪熊式体落とし〟は、このときの研究の結果、生まれてきた」（講談社スポーツシリーズ『柔道』1973年刊）と明言しているのです。

また猪熊は、もう一つの代名詞的な得意技として背負い投げ（一本背負い）がありますが、体落としを含む「猪熊式担ぎ技」グループの技を有効に使うために、凄い工夫をしていました。

一般的に背負い投げは相手の正面から入り、体落としは斜め横から入る技ですが、これだと相手はどちらの技に入ろうとしているのかを事前に察知してしまいます。そこで猪熊は背負い投げも斜め横から入るようにし、相手がどちらの技に入ろうとしているのかを瞬時に判断できないようにしたのです。実際、残された当時の映像を見ても、猪熊の担ぎ技は背負い投げと体落としのどちらに入ろうとしているのかが初動の段階では、全く判別できません。そればかりか、猪熊は「手は背負い投げ、体捌きは体落とし」という二つの技を合体したミックス技も時には使っていました。ですので、猪熊の場合は相手の組み手の右組み、左組みに関係なく、体落としをＴＰＯに応じて有効に使っていたと言えるでしょう。

1964 年の東京五輪、柔道競技重量級決勝にて、カナダの D・ロジャースを右組みから得意の担ぎ技で攻める猪熊功。（写真提供 / 時事通信社）

さらに猪熊の凄いのは背負い投げと体落としの使い分けです。一般的には猪熊の代名詞的な技は、背負い投げ（一本背負い）と言われ、国内大会においてはどちらかというと背負い投げのほうが体落としより使用頻度が高かった印象があります（実際の数値比は不明）。全日本選手権の2度の優勝の決勝戦でも昭和34年神永昭夫戦（技あり）、昭和38年長谷川博之戦（一本）で勝負を決めたのは背負い投げでした。

ところが国際試合となると様相は一変します。特に旧ソ連選手との対戦では猪熊選手は圧倒的に体落としを多用しています。3大会で旧ソ連4選手と計8回対戦し、8戦全勝7試合一本勝ち、内6試合は体落としでの一本勝ちです（体落とし技あり2つの合わせ技1試合を含む）。背負い投げによる一本勝ちは僅か1試合しかありません。

中でも最大のライバル、アンゾール・キクナーゼには4戦全て一本勝ち、内3試合が体落としです。キクナーゼはソ連で行われた国際大会で猪熊と2度対戦し、猪熊の美技に2度とも宙を舞っています。投げられて「空を飛ぶ」様《さま》から、ソ連では「スプートニク（人工衛星）」という不名誉なあだ名を与えられたという後日談もあります。

キクナーゼは「イノクマの体落としは、いつどこからでるのか、まったくわからない。まったく不思議な技だ」というコメントを残しています。

体落としのバリエーション

それでは猪熊は何故、旧ソ連選手に背負い投げではなく、体落としを多用したのでしょうか？　私の推測を含みますが、興味深い分析を提示します。

まず、一般論として「背負い投げは相手に完全に背中を向けて密着するので裏を取られて返されるリスクがあるが、体落としは相手に背中を向けずに適度に間合いを保つので返されにくい」ということです。返し技の得意な旧ソ連選手に対しては体落としはリスクの低い技だと言えるでしょう。

加えて、「上体に力の入り過ぎている旧ソ連選手は下半身が不安定なので足を横からつっかえ棒のように踏み出す体落としは掛かり易い」と言われています。さらには、旧ソ連の選手は背筋力が強いため前技に対する受けが強く、「真ん前に投げる立ち姿勢の背負い投げは掛かり難いが、斜め前方に引き出して、横からひねるように投げる体落としは比較的掛かり易い」と思われます。前出の佐藤宣践さんは、外国人選手に掛かり易い技として、体落としの名を度々挙げていますが、その理由を整理すると上記の通りに要約されるのではないかと思います。

ところで、体落としは一般的には背負い投げや釣り込み腰と同様、「担ぎ技のグループ」に分類されます。猪熊功さんは典型的な担ぎ技としての体落としの使い手でした。ですが、どう見ても、担ぎ技とは思えない体落としの使い手もいます。代表的なのが小川直也さんです。小川は奥襟を持ってからの内股系の技が中心でしたが、抜群のスタミナで前に出て、組み手でプレッシャーをかけ続けるスタイルでした。そして、疲れた相手の頭が下がって腰が引けてきたら、体落としや足車を繰り出すというタイプでした。ですので、小川の体落としは足車とともに「足技のグループ」の体落としであったと思います。記憶に残るのはハハレイシビリやドゥイエといった当代随一の強豪を投げた体落としです。

体落としは現在でもポピュラーな技ではありますが、近年は多少減少傾向にありました。その理由について、かつて元世界王者の柏崎克彦さんは「相手との間合いを詰める柔道になってきたから」と語っていました。

ですが心配は無用です。最近日本ではかつてないほど体落としの巧い選手が出てきています。近年活躍の目覚ましい阿部一二三《ひふみ》や橋本壮市《そういち》は猪熊功系譜の担ぎ技系体落としの名手ですし、元全日本王者（3度優勝）の王子谷剛志《おうじたにたけし》も体落としをよく使っています。特筆すべきは、ここで名前を挙げた3名は全員右組みだということです。近年左組みの選手が増えて、左右の組み手の比率がほとんど変わらなくなり、「体落としの名手の大部分は左組み」という古き時代の固定概念は消え去ろうとしているのだと思います。

「浮き落とし」の名手たち

次に使い手の数は少ないものの、特筆すべき使い手が継続的に現れている技、浮落としについて書きます。

浮落としは「前に引き落とす技」ですが、その際に相手を崩して体捌きだけで投げる技です。支え釣込み足という技がありますが、技の崩しの方向が支え釣込み足とほぼ同じです。ただ足で相手を支える「支え釣込み足」か、足を出さない「浮落とし」かという点に違いがあります。そういう意味では、支え釣込み足を使うのを得意とする選手の中に、無意識的にこの浮落としを時折使う選手が見られます。

代表的な現役選手としては、元全日本王者の王子谷剛志と100キロ級の元世界王者ウルフ・アロンがいます。二人とも大外刈りを得意技としていますが、大外刈りのフェイントから支え釣込み足へと変化する連絡技を主な攻撃パターンとして持っています。

そして、支え釣込み足の崩しと体捌きのままに、足を出さずに、おそらく無意識的に浮

講道館柔道「投の形」にある「浮落（うきおとし）」を演武する永岡秀一十段。極意的な技法として、高段者が好んで演武する形だが、実際の乱取りで決まることは少ない。

落としで相手を投げた試合を見たことが数度あります。

王子谷とウルフは無意識的な浮落としの使い手ですが、この浮落としを職人芸の域まで高めて得意技として日常的に使っていた選手もいます。

かつて、86キロ級で吉田秀彦を腕挫《うでひしぎ》十字固で破って97年世界選手権代表にも選ばれた藤田博臣《ひろおみ》さんは、身長185センチの長身で、「藤田スペシャル」といわれた浮落としで鮮やかな一本勝ちを度々収めています。日本柔道史上、「浮落としこそが得意技」と代名詞的に語られるのは藤田選手以外にはいないのではないかと思います。

もう一人の浮落としの使い手は、全日本選抜体重別選手権の100キロ超級王者にもなった重量級の強豪・西潟健太さん。193センチ、130キロの偉丈夫《いじょうふ》で、両襟を持っての左右の払い腰が主要な武器ですが、この払い腰と「対《つい》」になる必殺の裏技が、浮落としです。右の払い腰のフェイントから自分の右後ろに引き落とす、あるいは左の払い腰のフェイントから左後ろに引き落とすという左右どちらの方向にも遜色なく仕掛ける豪快な技で、釣り手と引き手を車のハンドルを回すようなイメージでひねりながら繰り出すので、俗称として「ハンドル投げ」という異名を持っています。

「隅落とし」がつなぐ柔道と相撲の達人

最後に現在試合では実質上はほとんど見かけることのない「消えた技」なのに、試合の記録上では近年増えている奇妙な技、『隅落とし』に話を移します。この技は三船久蔵十段の代名詞的な得意技、別名『空気投げ』として知られる技です。調子技の中でも、隅落としは難易度の高い技で、三船十段はこの神技をもってして名人の異名を得ているといっても過言ではありません。前述の浮落としは「前へ引き倒す」技ですが、隅落としは「後ろへ押し倒す」ようにして投げる技です。

ところがこの隅落としという技は、その技術的な難しさ故に、近年では実際に試合で使われることはまずありません。それなのに記録の上では増えているというのはどういうことでしょうか？

それは、試合の成り行きで『ほとんど何もしていないのに、もつれて相手が後方に押し倒される形で一本になった場合』、便宜上、決まり技が「隅落とし」と定められるケースが多いからです。ですので、近年は、隅落としは「なんじゃこりゃ!?」という印象が強いガッカリ技です。

三船十段がその生涯を通じて「隅落とし」の後継者として認めた使い手はおそらく柔道界にはいません。ただ一人、三船十段を唸らせたのは大相撲の名横綱・初代若乃花だけだと思います。若乃花は別名「仏壇返《ぶつだんがえ》し」といわれる強烈な「呼び戻し」を得意とし、本場所幕内の土俵で何と15回もこの技を決めました。この仏壇返しは空気投げと崩しの原理が共通している点が多く、三船十段は若乃花の妙技を度々《たびたび》褒《ほ》めたたえたとされています。

一部では若乃花の仏壇返しは三船十段が空気投げの原理を指導したもの、という説もあるようですが、三船十段が若乃花の仏壇返しを称賛したと伝えられるコメントの内容は客観的な評価に止まっているようで、私は直接教えたものではないような気がします。

ですが、若乃花は明治大学相撲部を訪れた際に隣にあった柔道部の当時の地下道場にも顔を出し、神永昭夫と乱取をするなど柔道の稽古を行ったという記録が複数ありますので、講道館指南役や明治大学柔道部師範を務めた三船十段と若乃花の当代の英雄二人がどこかで遭遇した可能性は十分にあると思います。ちなみに、若乃花は柔道をやっても、立ち技では並みの大学生では歯が立たないほど強かったといいます。

柔道の技はこのように背景を探っていくと興味深い話が尽きません。次章も引き続き技の面白話として、「返し技の華」裏投げや「消えた技」跳腰、高内股などを考察します。■

第10章

柔道の奥深き技の数々

ショータ・チョチョシビリの「裏投げ」

「チョチョシビリはなぜアントニオ猪木を右裏投《うらな》げで投げなかったのか」のっけから大宅壮一賞作家の増田俊也《としなり》さん風の序文で恐縮ですが、本章も柔道の技の話です。柔道は技を知るともっと違った面白さを発見できるのですが、その面白さをさらに掘り下げてみたいと思います。

ここでテーマとして掲げる技は「裏投げ」、「跳《は》ね腰」、「高内股《たかうちまた》」などです。

まず最初は冒頭で書いた裏投げです。プロレスや格闘技ファン的には、アメリカ国内で日本人柔道家との他流試合を制し、「ジュードー世界チャンピオン」を自称したプロレスラー、アド・サンテルが大正10年（1921年）に来日し、靖国神社で日本の若手柔道家と混合ルールの試合を行った、いわゆる「サンテル事件」で有名になった技がこの裏投げです。

何故なら、このサンテルが得意とした技が裏投げであり、後年、この裏投げはプロレスの異種格闘技戦などでも多用されるようになったからです。その際に「必殺技」的な宣伝をされたため、極めて幻想を掻き立てる技です。また、この裏投げはサンテルがコーチを

一世を風靡したアントニオ猪木の異種格闘技戦、唯一の黒星といわれるのが、ショータ・チョチョシビリとの初戦。プロレス技ではない「裏投げ」の三連発でチョチョシビリが勝利している。

務めてルー・テーズに伝授され、それをヒントにテーズがバックドロップを体得したという逸話もあります。

平成元年（1989年）、旧ソ連のペレストロイカ政策の一環としてスポーツ選手のプロ化が認められた際にプロ格闘家に転向したショータ・チョチョシビリ（ミュンヘン五輪柔道軽重量級金メダリスト）が来日し、新日本プロレスに登場。東京ドームでアントニオ猪木と対戦した際には、プロレス的な結末ながら、チョチョシビリが裏投げの3連発でKO勝ちしています。

チョチョシビリが新日本プロレスのリングで見せた裏投げはジョージア（旧グルジア）の民族格闘技チダオバ流と言われるものです。ルー・テーズ流バックドロップはサンテルの裏投げを応用した来歴はある（その真偽に確証はありませんが）ものの、原型はグレコローマン・レスリング式の反り投げであり、チョチョシビリの裏投げはバックドロップとは似ても似つかない別の技という趣きがありました。

裏投げを正しく知るために、「プロレス時代の」チョチョシビリではなく、「柔道時代の」チョチョシビリが使っていた裏投げとはどんな技だったのかを映像で検証してみました。

実はチョチョシビリの柔道時代の試合映像はかつて日本にはほとんど存在しなかったのですが、チョチョシビリが2009年に亡くなった後に、ジョージア国内で追悼ドキュメンタリー番組などが放送されました。その映像がネット上に投稿され、彼の現役当時の雄姿をふんだんに見ることが出来るようになったのです。プロレス時代の巨躯《きょく》とは異なり体つきは精悍に引き締まり、その柔道はパワフルかつスピーディーで驚異的なものでした。目を見張ったのはチョチョシビリの裏投げの豪快さです。彼の裏投げは主に相手が内股や払い腰を仕掛けてきた時に返し技として使われていました。

相手の右内股に対しては、相手の右腰に自分の左腰を寄せて、左足を前に跳ね上げるようにして相手を持ち上げ、自分の左後方に反り返りながら投げるという形になります。その際に自分の左手では相手の柔道衣の背中の部分（または後ろ帯）を強く後ろに引き、右手では相手の柔道着の胸の部分の前襟を強く後ろに押します。相手の左内股に対しては、全く逆の動作で、自分の右後方に反り返りながら投げます。

余談ながら、このチョチョシビリは、1975年のウィーン世界選手権無差別級準決勝で上村《うえむら》春樹を『裏投げ』で投げて技ありを奪いながらも畳に頭を打って一瞬脳震盪《のうしんとう》を起こし、その隙に上村に上四方固めで抑え込まれて逆転の一本負けを喫したという柔道史上で有名な「伝説の一戦」があります。

この試合の映像を初めて見て分かったことですが、この時、上村選手を投げた技は裏投げではなく、通称「ハバレリ」（概念上は「帯取り返し」）と言われるチダオバ流の投げ技でした。この大会当時には「ハバレリ」という新技（80年代に入ってからポピュラーになった）は、柔道技として俗称が存在していなかったので、「裏投げ」と誤報が伝えられたものと想像します。ちなみに、チダオバでの原型となる技名称では「ガダブレバ」と言います。

プロレスでの裏投げの特性

さて、話は裏投げに戻ります。チョチョシビリによってプロレスのリング上で繰り出された裏投げは、プロレスのバックドロップと異なるのはもちろん、柔道の裏投げとも異なりました。

まずはプロレスのバックドロップと柔道の裏投げの違いです。バックドロップでは相手がヘッドロックを仕掛けてくることが原則としては前提となります。プロレスでは「構え→ロックアップ（最初にガシッと組み合う動作）→ヘッドロック」までの一連の流れが暗黙のルール化されています。構えは左足を前に出した構え（柔道でいえば左組みの構え）からロックアップ（左手で相手の首の後ろを押さえ、右手で相手の左肘のあたりを押さえる）し、必ず左手でヘッドロックに移行します。これは交通整理のようなものです。レスラー全員がこのルールを守ることで、スムーズな試合運びができるようにするためのものです（メキシコでは何故かこの動作が左右逆ですが）。

ですから、ヘッドロックは必ず左手で行われ、ヘッドロックの返し技であるバックドロップは必ず右後方へ投げるというのがプロレスの流儀です。ルー・テーズはもちろん、アントニオ猪木、マサ斎藤、ジャンボ鶴田などの歴代のバックドロップの使い手は全員例外なく右後方に投げていました。

一方、プロレスのリング上で行われる裏投げは必ず左後方へ投げています。最初、私はバックドロップに類似する裏投げで「左へ投げるのはプロレスの流儀違反では？」と思ったのですが、バックドロップと異なり、裏投げは相手がヘッドロックを仕掛けてくることが前提ではありません。そのため、プロレスでは左前の構えから相手の右腰に着いて自分の左後方へ投げるのが一番スムーズな流れなのです。

次に、プロレスと柔道の裏投げの違いです。大きな相違点は2つあって、1つはプロレスでは相手が柔道衣を着ていないこと、もう1つは柔道では裏投げを主に相手が内股等を掛けてきた時の「返し技」として使うのに対し、プロレスでは自分からの「仕掛け技」として使っていることです。

柔道の裏投げは、組み手の操作による相手の上体のコントロールが非常に重要ですが、裸体で行うプロレスの裏投げでは道衣を掴めないので、右手は相手がズレないように体の前面を固定しているだけで、左手を相手の右腰から回すように添えて下半身のコントロールで投げています。また、柔道の返し技の場合は、相手の右内股は左後方、左内股は右後方へ投げ分けますが、プロレスでは仕掛け技として使うので、投げる方向は自分の投げやすい一方向のみとなります。前述の通り、プロレスでは左前の構えから相手の右腰に着いて自分の左後方へ投げるのが一番スムーズな流れですので、プロレスの裏投げは左裏投げだけになるのです。

ちなみにチョチョシビリ以降、馳《はせ》浩や飯塚孝之（後に高史に改名）が「チダオバ流裏投げ」を得意技としましたが、左から投げるのが完全にルール化されていました。

これが「チョチョシビリはなぜアントニオ猪木を右裏投げで投げなかったのか」の答えとなります（単なる私の推測ではありますが……）。

幻の技となった「跳ね腰」

次に跳ね腰にテーマは移ります。

跳ね腰といえば、2013年世界選手権初出場の大野将平選手が決勝でフランスのルグランに豪快に跳ね腰を決めた一戦が記憶に残ります。ひょっとして大野選手は内股に入ろうとしたところ、たまたま深く踏み込み過ぎて、跳ね腰の形《かたち》になっただけなのかもしれませんが、久しぶりに見る、形《かた》のような鮮やかな跳ね腰でした。

「久しぶり」と書いた通り、跳ね腰は近年試合では滅多に見られない技となっており、柔道界では「消えた技」とまで言われるほどでした。

『写真解説 講道館柔道 投技 手技・腰技』（1999年8月刊）によると、跳ね腰は明治末期から大正初期に大流行した技で、「初段になるには跳腰《はねごし》が出来ねば」と評されたほどの必修科目でした。当時では珍しく、統計的資料も残っており、大正7年（1918年）の月次試合《つきなみじあい》で投げ技で決まった224試合中45試合が跳ね腰(跳ね巻き込み11試合を含む)でした。次いで大外刈り22、内股20、背負い投げ17試合と続きますが、跳ね腰が圧倒的な使用頻度であったことが分かります。

その後も戦前から戦後しばらくの間は、跳ね腰は国内では常にトップ5に入る使用頻度の高い投げ技でした。

戦前~戦中は、田中末吉八段、山本政信九段、高田勝善八段といった跳ね腰の名人といわれる選手が多数いました。ところが、戦中~戦後は明治大学出身の伊藤信夫八段くらい

写真は独特の組み技ルールで戦う沖縄角力において頻発される、膝頭で内股を持ち上げる投げ技。いわゆる櫓投げの応用だが、やはり近接間合ゆえの技と言えるだろう。跳ね腰・高内股は、これに非常に近似している。

のもので、戦後の国際競技化以降、この技を得意技とする有名選手はほぼ皆無です。「近代柔道」誌の名物コラム「柔道時評」の中で青山雄二氏は、跳ね腰を「消えた技」として取り上げ、現代の試合ではほとんど見ることができなくなったことを惜しんでいます（1994年2月号）。

それでは何故、跳ね腰が「消えた技」になってしまったのでしょうか？

それは、国際競技化が進んだことによって、ポイント柔道が促進されたことと関係が深いと思います。かつて醍醐《だいご》敏郎十段も指摘していますが、近年は「崩し・作りなしの組み際狙《ぎわ》いの柔道」の全盛時代となっています。

跳ね腰は決まれば大変豪快な技ですが、しっかり組んで、思いっ切り深く踏み込んで掛けなければ掛かりにくい技です。現在の国際試合は、組み手にこだわり、数少ない組んだ状態から、素早く掛けることのできる技のほうが決まり易く、効率的だといえます。

そのため、跳ね腰より踏み込みが浅く、がっぷり組めない相手やケンカ四つの相手にも技を施し易い内股にニーズが集中しているのだと思います。

ちなみに現代柔道では「投げ込み」の稽古の際には、内股が跳ね腰のような形になっているのをよく見るのですが、同じ選手の実際の試合の時には何故か普通の内股になることが多いのは、どうしてなのでしょうか？

消えた内股のバリエーション「高内股」

跳ね腰に類する技としては、通称「高内股」といわれる技があります。現在ポピュラーな内股は足技に分類されますが、この高内股は、腰技に属するものであるといわれています。高内股は独立した技名称ではなく、内股の中のバリエーションの一つ（他に大内股《おおうちまた》、小《こ》内股《うちまた》がある）ですが、内股という一つの技の中に足技と腰技の技術が分化して存在するという特異性のある技術と捉えられています。

高内股も現存する有名選手の使い手はほとんどおらず、「消えた技」の一つですが、決まれば非常に豪快です。

このバリエーションの違いは、『柔道手引』（1924年刊、磯貝一）によると、「高内股は最も高く股の上部を払い、大内股は股の中程、小内股は股の下部を払う」と説明されています。高内股は斜め前方から刈り足を相手の股の間に深く割り込ませ、刈り上げながら相手を腰に一旦乗せて、腰を回転させながら投げる技です。

1958年に全日本選手権と世界選手権の二冠王となり、ヘーシンクとも戦った曽根康治《そねこうじ》さんはこの高内股が得意だったという記述が残っています。

それ以降では、高内股の使い手はあまりいませんが、背中や腰に乗せて投げる内股の使い手は何人かいます。

１９６５年世界選手権軽量級王者の松田博文さんは１６１センチの小兵選手ながら、関西大学では団体戦のレギュラーを務め、大きな相手にも果敢に内股を繰り出しました。松田さんの内股はもう一つの得意技である片襟の背負い投げと同じ組み手、同じモーションで技に入るので、完全に背負い投げの応用技でした。相手を背中に乗せて担ぐように繰り出すのが特徴でした。

１９７６年全日本王者で世界選手権を2度も制した遠藤純男さんは、腰に乗せて投げる内股が得意でした。遠藤さんは高校までは跳ね腰を得意技としており、足腰が強靭であることから、内股を深く踏み込んで掛けていました。重量級（１２０キロ）ながら１７０センチと低身長で、足の短い遠藤さんが当時20センチ近く背の高い相手を内股で投げるのを見て、不思議に思ったものですが、相手を前に引いて崩して、完全に腰に乗せているので、刈り足はオマケみたいなものでした。遠藤さんの内股は跳ね腰に類する腰技の応用だったような気がします。

何度も繰り返しますが、絶滅危惧種技の「跳ね腰」や「高内股」は、決まればこんなに豪快な技はありませんので、是非ともその命脈を絶やさないようにして欲しいと思います。

「消された技」で失ったもの

「跳ね腰」や「高内股」は「消えた技」ですが、「蟹挟み《かにばさみ》」や「脇《わき》固め」のように意図的に「消された技」もあります。これらの技は〝危険である〟という理由で禁止（規制）技になりました。

蟹挟みは１９６３年の全日本選手権で準優勝者の長谷川博之選手が二人の対戦者を負傷させた頃から危険視されるようになったと思われます。その後、１９８０年の全日本選抜体重別選手権で、遠藤純男が山下泰裕の左足腓骨《ひこつ》を骨折させたことで、禁止論争が巻き起こり、91年の全日本選手権でも金野潤の蟹挟みで正木嘉美が負傷しています。94年全日本決勝での金野潤と吉田秀彦の壮絶な蟹挟み合戦を経て、その後、禁止技となりました。

講道館規定では各々の大会責任者によって取り扱い（使用の可否）が決定され、ＩＪＦでは97年に蟹挟みの使用が反則負けとなることが決まりました。現在は全柔連主催大会は国際規定で統一されており、蟹挟みは国内大会でも事実上禁止されています。

脇固めは正式には「腕挫腋固《うでひしぎわきがため》」と表記します。この技自体が禁止されているのではなく、技を施し一気に体を捨てる（直接、畳の上に倒れる）ことが反則でした。ＩＪＦでは97年に蟹挟みと同時に反則技の規定に盛り込まれました。しかし、体重をかけて体を捨てたかどうかがファジーで、反則を見逃す審判もおり、1985年世界選手権95キロ超級決勝で趙容徹《チョヨンチョル》が斉藤仁の左肘を破壊して優勝した時のような誤審やグレーゾーンの判定も見られます（2017年10月に公開された新ルールでは立ち技の関節技の使用は完全に禁止）。

実は「蟹挟み」や「脇固め」の禁止や制限は現代柔道に大きな影響を与えていることをご存知でしょうか？

この二つの技は相手と「ハの字」に体を開いている状態、釣り手一本で組んでいる状態、組み手争いをしている状態などで効力を発揮する技です。

上村春樹講道館館長はこのように言っています。「この二つの技の禁止によって、片方の手だけで組んで技をかける変則柔道、変形柔道を増やすようになったのも事実です」（雑誌「柔道」2010年1月号）と。この二つの技の禁止が「組まない柔道」の元凶の一因となっていると思われるのです。

かつて柔道史の大家でもある大正・昭和期の柔道家・桜庭武八段は、危険であるということで捨てた技（試合では禁止された技）も真剣実用の効果があり稽古法を定めて行わねばならないと指摘していますが、ルールで規制されたからといって技そのものが命脈を断たれるものではないということを、私たちは理解しなくてはなりません。それが文化としての柔道を尊重するということだと思います。

次章は柔道の競技における価値は、勝者にあるのか、強者にあるのかという深遠なテーマについて論説します。■

第11章

柔道家が求めるのは、勝者か強者か？

勝者は強者たり得るか？

格闘技は本来単純明快なものです。相手を打ち負かして「勝つか負けるか」だけです。かつて、八田一朗日本レスリング協会会長は、不当判定で敗れた選手やコーチが審判や判定に不満を述べると、それに激怒してこう言ったそうです。「強いレスラーはいつも相手の上に乗っかっている」と……。

20世紀初頭の伝説の黒人ボクサー、カナダ出身のサム・ラングフォードは差別的な判定を受けることが多かったようですが「オレの右手がレフェリーだ」と対戦相手を倒しまくり生涯178勝中129ものKO勝ちの記録を残しています。

もちろん格闘技とてルールに則って行われるものではありますが、強いか弱いかはルールに関係なく、対戦者がお互いの肌で感じ取ることのできるものです。ですので、本来競技には馴染まない武道の世界では、ルールに限定されない真の実力を測る「ものさし」を持とうとする傾向にあります。

例えば伝統空手のある流派では、現在でも「『試合』を行い『競技』を行わない」という言い方をします。空手発祥地・沖縄には古来「掛け試し（かきだみし）」という最低限

本来、「最後に倒れて動けない者が敗者、立っている者が勝者であり強者」というシンプルな構図であるはずの武道・格闘技だが、現代における時間的かつ社会通念上の制約から、その全ての武技は制限される方向でルールを作らざるを得ない宿命を持つ。組み技はその制約が比較的に緩いとはいえ、そこから完全に解き放たれているわけではない。そこに、武技を駆使することを「競技」とする難しさが常につきまとう。

の約束事に基づく腕試し的な試合が存在しました。空手における伝統的な概念の「試合」とは掛け試しのように技術を交わす試し合いの延長で、「競技」とはルールに統制されたゲームのことを指す言葉であると私は解釈します。

国際伝統空手連盟創設者の西山英峻《ひでたか》師範は「空手の勝者はルールではなく空手が決める」と言っていますが、これも同様の意味だと思います。昭和32年に第1回全日本学生空手道選手権が開催される以前の学生空手界では大学間の「交歓稽古」（交換稽古と書く人も多い）が唯一の技術交流の場であり、そこで行われる組手は異なる流派間であっても最低限の約束事だけで、ほぼノールールであったとする証言（剛柔会・山口剛正師範）もあります。プロレスに例えるのは如何なものかという気もしますが、アントニオ猪木流に言えば「お互いのプライドがルール」ということでしょうか。

ですので、空手界には競技化の流れの中で根強く空手本来の技術の保全を訴える声があります。日本空手協会の中山正敏《まさとし》初代首席師範は空手競技化の最大の功労者の一人ですが、その中山師範をして「空手をオリンピックのスポーツとして残したくない」という台詞《せりふ》を残していることからもそれが窺えます。また、沖縄空手の重鎮・金城裕《きんじょうひろし》師範も空手五輪競技化の波の中で「これからは空手を広めない努力をしなくてはダメだね」という意味深な発言をしています。中山師範、金城師範ともに過度な競技化による技術の変質を懸念しておられたのだと思います。競技ルールの中での勝者は、必ずしも空手の強者たり得ないという意思が一連の空手界の言説から読み取れます。

比較武道論の権威・日本合気道協会の富木謙治師範も技術の純化《じゅんか》(競技への適応による変質)による実戦とのズレや武道とスポーツの対立について多くのコメントを残していま す。武道の構造に詳しい編集者の山田英司《えいじ》さんも「ルール内での技術は歪《いびつ》な発展をしてしまう」ことを主張しています。

打撃格闘技の宿命⁉「勝負証明不可能性」

柔道も同様です。創始者・嘉納治五郎師範が審判規定に限定されない実戦性を重視していたことは本書でも度々触れた通りです。柔道は本来ルールの規制に馴染まないものです。さらに武道の概念には、ルールを超えた「実戦性」と同時に、技術に高い美意識を求める「精神性」も含まれます。

柔道識者のコメントをいくつか見てみます。「(柔道の)美を追求する行為は芸術であり、哲学である」(松浪健四郎氏)、「柔道は本来規範や美意識として捉えられる性質のもの」(古田英毅氏)、「勝つことだけに執着するのではなく、『きれいな柔道』を」(野村豊和氏)というように、ルールに拘束されない美意識に基づく技術の重要性を指摘する声は数多く発せられています。つまり、勝ち負けが重要であることが前提であるにしても、より技術的位相の高い競技者、即ち強者に勝者になって欲しいという願いが感じ取れます。

ここで組み技系格闘技と打撃系格闘技を比較してみましょう。同じ武道であっても、組み技系と打撃系の競技には構造的に大きな相違点があります。

まず、組み技系格闘技の代表例・柔道では「投げる・絞める・抑える」というアイデンティティとなる技術のほぼ全てを競技に取り込んで全力で戦うことが可能となっています。これは、投げ技の危険性を軽減する「畳と受け身」という革命的な発明に負うところが大きいと言えるでしょう。もう一つの代表例・相撲では「足の裏以外の体の一部が土に付いたり、土俵を割ったら負け」という超・単純なルールのおかげで、逆に技術的制約がほとんどなくなり、打撃技である張り手すら用いることが可能となっています。

対する打撃系格闘技の代表例・空手では「突く・蹴る」というアイデンティティとなる技術の全てを競技に取り込むことは非常に困難です。何故なら致命傷を負う可能性のある顔面への素手に近い形での打撃技を、競技に直接取り入れることは社会通念上、不可能だからです(それを試みている極真館やミャンマー・ラウェイのような過激なルールもありますが）。その打開策としては、突き蹴りを寸前で止めたり、防具やグローブを着けたり、という安全管理の方策を取らざるを得ません。「突き蹴りの威力を競う本質を有する空手に突き蹴りの威力を減じる妥協的なルールを採用する」という矛盾を競技は常に孕《はら》んでいます。多くの打撃系格闘技はダブルバインドの状態にあります。

ですから、打撃系格闘技には常に決着の不透明性が付きまといます。KOルール・KO決着の場合は勝敗のコントラストは明快ですが、ポイントルール・判定決着の場合は「勝者＝強者」なのかということが時として判然としません。打撃系格闘技の勝利は本来は勝者の「創発的な現象」であるべきですが、審判の主観やルールの曖昧さによる齟齬《そご》をきたしやすいという永遠の課題があります。私は打撃系格闘技は勝敗の客観妥当性を保ちにくく、「勝負証明不可能性」という宿命を逃れられないものだと感じます。

以上のような競技的特性を鑑みると、ボクシングやキックボクシングなどのKOを前提とする競技は別として、全般的にポイントルールの打撃系格闘技を競技として成立させることは難しいと思います。それに対して、組み技系格闘技は「勝者と強者のイメージが一致しやすい」という点に限って言えば打撃系格闘技よりも具現化しやすく、一見「競技スポーツ」としてのアドバンテージが高いように思えます。

しかし、実際には相撲を除く組み技系格闘技は立ち技における組み手争いや寝技における膠着《こうちゃく》が生じやすく、むしろ打撃系格闘技よりも「どちらが強くて、どちらが勝ったのかが分からない」というケースが多くなっています。これは一体何故なのでしょうか？

〝第三の身体〟のコントロール

これにはもう一つの競技的特性を考える必要があります。極端に言えば「接触する前から勝負が始まる」打撃系格闘技と「組んでから勝負が始まる」組み技系格闘技の違いです。打撃系格闘技では相手と接触する直前までは相手から何の力学的な抵抗も受けませんから自律度が高く、個人の最大限のパフォーマンス能力を発揮することが可能です。

これについては間合いを重視する武道・格闘技ではよく周知されており、編集者で中国拳法研究者である山田英司さんは自分でコントロールできる動きを「自律動作」、相手の力学的負荷による動きを「他律動作」と区別しています。剣道家の作道《さくどう》正夫さんも前者を「個人運動レベル」、後者を「対人運動レベル」として剣道の技術の二重構造を説明しています。柔道界でも全柔連科学研究部の中村勇さんが打撃系では「自己対応力」が身に付き、組み技系では「対人対応力」が身に付くと述べていますが、これもこれらの技術特性の違いを踏まえたものと考えられます。

柔道は抵抗性運動ですので、「自分+相手」が組み合った状態で動きをコントロールしなければなりません。柔道家の橋本年一《としかず》さんはこれを「第三の身体」と名付けています(『武道に学ぶ人間学』2010年3月刊)。つまり、自分(第一)、相手(第二)に続く三つ目の身体というわけです。柔道では相手との実力差が少ない場合、「第三の身体」をコントロールして仕留めるのは容易ではありません。ここに柔道に「強者=勝者」と必ずしも思えない(かつ面白くない)試合が多くなる原因があるような気がしてなりません。

両者が「きちんと組んで投げを狙い合う」という柔道の本質的な価値観に基づくベクトルを共有しない限り、それは回避できません。

期待はずれの「番狂わせ」

スポーツでは一般的に「番狂わせ」の起こる可能性が高い競技が面白いと思われる傾向にあります。プロ野球では優勝チームでも勝率は6割台、最下位でも3割台が普通で、首位と最下位が対戦しても確率的には3回に1回位は最下位チームが勝つチャンスがあります。そこがプロ野球の面白いところです。大学野球でも東海大学海洋学部が東海大学本校に勝ったり、東京大学が法政大学から勝ち点を挙げるなど番狂わせの実例が多く、実力優位チームと言えども「絶対」はありません。柔道では東海大学の分校が本校に勝つことは絶対にあり得ないことです。

格闘技で「番狂わせ」の要素を取り込んで成功した競技としては大相撲があります。先に述べた通り、超・単純なルールがあるからこそ小兵の舞の海が体重が3倍近くもある巨漢の小錦に勝つことも時にはあったわけです。

東大教授で相撲史研究家としても著名な新田一郎さんは、相撲の勝利の機会を最大化するためには、ヴォラティリティを高めることが鍵だと述べています(「月刊武道」2014年11月号)。ヴォラティリティというのは、元々は金融経済用語で「価格の変動性」を指しますが、スポーツの場においては、不安定な色々なことが起こりやすい状況を高めることが実力の劣位にあるものの勝機を広げるというのです。

具体的には、相撲には「立合い」の駆け引きの妙味がありますので、立合いの瞬間の不安定性をいかに利用するかが重要な戦略的課題であると新田教授は指摘しています。

それでは、現代競技柔道ではヴォラティリティを高めることは可能でしょうか? 私は正攻法の攻めで上位選手を打ち破るのはかなり難しいと思います。元来、柔道は「番狂わ

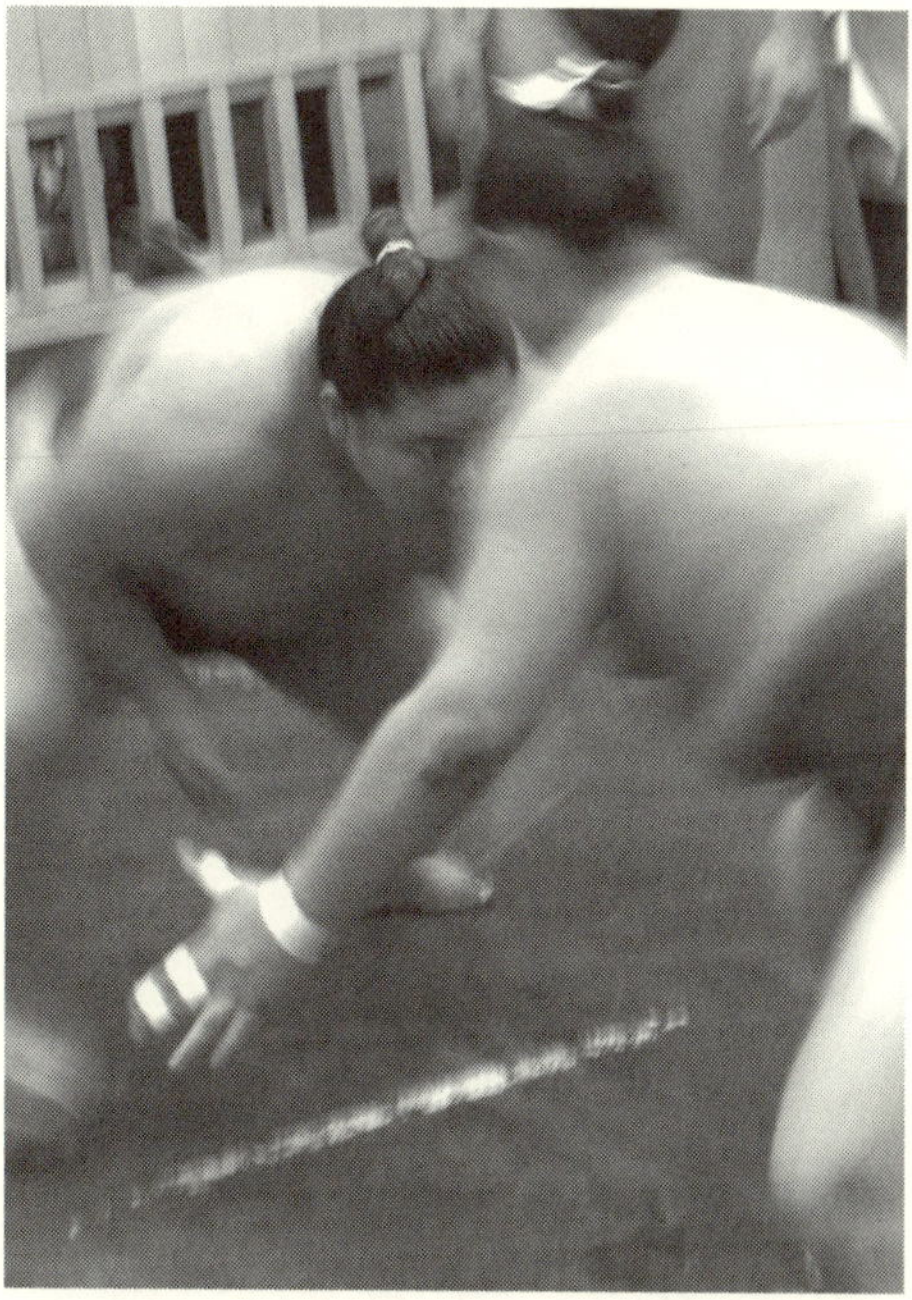

立合いにおける不確定要素が、相撲におけるヴォラティリティに大きな役割を果たしている。柔道の組み手争いも本来は、その要素を担保する役割を担ったものであるはずなのだが……。

せの起こりにくい競技」と言われていました。事実、昭和期の柔道では、明らかに実力下位の選手が番狂わせを起こすケースはあまりありませんでした。ところが、平成期には番狂わせは珍しくなくなり、ロンドン五輪の時に詳しく調べたことがあるのですが番狂わせは頻繁に起こっていました（全体のレベルが上がり、実は番狂わせと言い切れない試合が多いのですが……）。

ところが、近年の柔道の番狂わせには、私の見た限りの例ではあまりスカッとするような爽快感のある試合は多くありません。大抵は、ラッキーな技や反則のポイントを得た実力下位の選手が組み手争いや掛け逃げなどのグダグダの試合展開で逃げ切った試合が多く、「番狂わせ＝面白い」ものという印象とは程遠いものでした。

格闘技の番狂わせについて思うのですが、大相撲のように興行性、ゲーム性の高い競技では、実力下位の力士が偶発的に勝つと会場は沸き、必ずしも「勝者＝強者」のイメージがなくとも観客は喜ぶように思います。しかし、柔道のように武道を起源として、実戦性が重視される格闘技では、「勝者＝強者」の方程式にそぐわない結果が頻繁に起こることは必ずしも歓迎されていないような気がします。

格闘技ライターの橋本宗洋《のりひろ》さんが以前「勝者か強者か」について記事を書いており、我が意を得たりという印象を持ったので引用します。

「格闘技は強さを競うスポーツであり、ファンが見たいのは〝強い選手〟だ。（略）強い奴より巧い奴が幅を利かせるような世界じゃ魅力がない」（2012年7月16日 Number WEB）。

「勝者か強者か」を言い表した格言としては元サッカー西ドイツ代表の〝皇帝〟フランツ・ベッケンバウアーの1974年ワールドカップ西ドイツ大会での言葉が有名です。

「強い者が勝つのではない、勝った者が強いのだ」

これは、下馬評の高かったオランダを西ドイツが破って優勝を決めた時のコメントで、勝負の非情な厳しさを物語っています。この格言のモチーフとなったであろう原文は旧約聖書の中に見出されると言います。

エトスに反する「悪いルール」

以上のような「勝者か強者か」については、スポーツルールの問題とともに、スポーツ哲学やスポーツ倫理学の中で重要なテーマとなっています。

対面型スポーツ（球技や格闘技）のルールと勝敗の意義について興味のある方には北海

学園大学現教授の川谷茂樹《かわたに》さんの著書『スポーツ倫理学講義』（2005年4月刊）をお勧めします。川谷教授は、「『強さ』が試合の勝敗によって決定されるという思想こそが、スポーツの根本的な思想」として、「強い者は必ず勝つし、勝った者はまちがいなく強かったのです」と断じています。一見、私がここまで書いてきたことと正反対の意見ですが、よく読むとその相違の理由が分かってきました。

川谷教授は「ルールはエトス（注・「倫理的な心的態度」などと訳されますが、「アイデンティティ・本質・理念」という意味を含むと解釈します）を体現したものであるべき」として、「エトスに反した『悪いルール』が出てくる可能性があります」と書いています。私は武道・格闘技のルールの多くが「エトスを体現したもの」とは思えません。

例えば、先に記したように、空手は「突き蹴りの威力を競う本質」を有するにもかかわらず、そのエトスに反するルールとなっていますし、柔道も「きちんと組んで投げを狙い合うという本質」を持っているのに、きちんと組むことを担保するルールとなっていません。つまり、武道・格闘技のルールは最初から「エトスを体現したもの」ではないので、「強い者は必ず勝つし、勝った者はまちがいなく強かった」ことにならないのは必然なのです。

さらに読み進むと、川谷教授は武道をスポーツと区別しており、「実戦性と精神性」というスポーツには存在しない理念（エトス）の存在を認めています。武道を競技化するに際し、「実戦性と精神性」はルールに最も馴染まない部分ですので、武道は川谷教授のいう「強い者が必ず勝つ」スポーツの領域には含まれないことになります。

スポーツルールについては、総合格闘技パンクラスのレフェリーを長く務めた松宮智生《ともき》さん（清和大学准教授）の論文（２０１２年）も合わせて読むことをお勧めします（ネット上で論文の閲覧が可能）。松宮准教授のこの論文は、ルール法制史の視点で、異なる学説を多数引用しているので、一言で論旨をまとめることは難しいのですが、今後、格闘技専門家の目線でルールを深く分析してもらえるのではないかと非常に楽しみにしています。

柔道独自のルールの視点では、40年以上前の古いものですが、当時、京都教育大学教授だった村山輝志《てるし》さんの論文（１９７６年）は必読です。柔道が主観的審判から客観的審判へと変質していく過程や真剣勝負のルールへの反映など、現在ネット上で読んでも非常に興味深い記述が多く見られます。

以上「勝者か強者か」を論じてきましたが、次章はいよいよ最終章「柔道はどうしたら面白くなるのか」の総論・まとめとなります。■

第12章

柔道はどうしたら面白くなるのか？

タックルや組手争いについて

本書の締め括りとして「柔道を面白くするにはどうすればよいのか」というテーマの総論をまとめます。これまで、第1章で柔道が面白くないと言われる現象について問題提起し、第2章からは柔道が面白くないと言われる点や逆に非常に面白い部分について個別の事象を構造的に分析してきました。ですが、まとめとして今後「どうすればよいのか」を明確にしないと「結局何が言いたいの？」ということになりかねないと思うので……。

まず第一に、私のこれまでの意見に違和感を持った方がおられるかもしれないので、それについて説明します。

例えば、私がタックルや組み手争《くてあらそ》いを完全否定していると思った方がいたのではないでしょうか。タックルや組み手争いの肯定論者の論拠は、大抵は「ルールの範囲内で行っていることなのだから正しい」というものです。

これについての私の考えは2点です。

まず、前章でも書きましたが「ルールが正しいと本当に言い切れるのか？」という点です。スポーツルールはスポーツ哲学や倫理学の研究対象となっていますが、スポーツには

「エトス（ここでは「本質」とします）に反した『悪いルール』」は相当数存在します。特に「初めにルールありき」ではない武道・格闘技が無理やり競技化を行った際にルール上に具現化できなかった本質（例えば実戦性や精神性など）はザラにあります。武道・格闘技については、まずルールを疑うことが必要だというのが私の考えの出発点です。

二つ目は柔道のルールの問題点はもはや表象的な現象に対する分析からだけでは解決できないという点です。タックルや組み手争いの個別の是非を論じる中で、「ルールの範囲内である」とか「本質論の観点から正当性がある」などというのは表象的な分析態度です。私は組み手争いはともかく、タックルについては、その正当性を一定レベルで支持していますし、表象的な視点での物の見方はもちろん必要だと思っています（柔道の構造を具体的に論じるという本書のテーマも主に表象的な分析作業です）。ですが、それだけでは柔道の試合は面白くはなりませんし、ルールもうまく機能しません。

それについて説明します。私は数年前に格闘技専門誌で、タックル禁止について『消極的賛成』と煮え切らない意見を書きました。それは、タックルが個別の技術論としては正しい部分があるということに同意した上で、第1章で書いた通り、オリンピックなどの国際試合で「柔道が面白くない」と思われている『圧倒的な事実』の前にはタックル禁止はやむを得ないという考えに至ったからです。私の考え方は、おそらく国際柔道連盟（ＩＪ

F）や全日本柔道連盟（全柔連）とほぼ同じなのではないかと思います。
そういう意味で、私の考え方は本質論やミクロ的な分析から入り、解決の難しい事象については、最終的には大局観に基づくマクロ的な視点のフィルターを通した上で是非を判断するという流れをとっています。ですので、最終的な判断基準は「面白いか面白くないか」という巨視的な地点に立ち返っています。個別の技術の是非だけを論じて、柔道界全体の振興の視点に欠けるのは「木を見て森を見ず」と言えるのではないでしょうか？

このままでは滅びる柔道

これに対して「何故柔道が面白くなければいけないのか？」という疑問を持つ方がおられるかもしれません。そういう意見に対しては私はこう答えます。「現実を見てください。今のままでは柔道は滅びますよ」と——。

「滅びる」というのは比喩《ひゆ》的な言い方なので、割り引いて考えていただきたいのですが、具体的に言うと「オリンピック競技から外れる」、「競技人口やテレビ視聴者が激減する」、「財政的に立ちいかなくなる」ということなどは十分に可能性があると思います。

「柔道がオリンピック競技から外れても構わない」という意見は現実的ではありません。オリンピックから外れるということは、それ以外にも様々な影響があります。競技人口も人気も財政も含めて全てがガタガタになります。「剣道だって五輪競技じゃないけど立派にやっているじゃないか」と言う方もおられるでしょうが、既に半世紀以上も五輪競技としての道を歩んでいる柔道は組織や財政の成り立ちを考慮すると、剣道とは環境が違い過ぎますし、もはや後戻りはできません。

そもそもIJFや全柔連、世界中の多くの柔道愛好者が今後も五輪競技であり続けることを強く望んでおり、五輪競技化に対して消極論の根強い剣道界とは事情が異なります。近年「国際化に賛成か」という大学柔道部と剣道部の学生を対象としたアンケートで、柔道では賛成が84%を占めたのに対して、剣道の賛成は26%という結果が出ています(「近代柔道」2015年5月号)。「国際化」とは「五輪競技化」とほぼ同義であると解釈できると仮定すると、柔道と剣道の間にはかなり大きな温度差があることが分かります。

「柔道がオリンピックから外れるわけがない」という方は、レスリングの五輪除外騒動を思い出してください。何故、柔道界が明日は我が身と考えずに安閑としていられるでしょうか? 柔道のほうがレスリングよりも優れているという根拠は希薄です。

確かに柔道は欧州で人気が高いですが、IOC内での立場は微妙です。

柔道人口の現実

次に「柔道は面白くなければいけない」とする理由について、日本国内の事情を考えます。「面白い」というのは、「やる人にとって面白い」ということと「観る人にとって面白い」ということの2つのポイントに分かれます。

最初に「やる人にとって面白い」かどうかです。柔道人口の減少には様々な要因がありますが、柔道が「面白いか？」というのが重要な点であることは間違いありません。実際に面白いかどうかは別として、柔道をやっていない人から見て面白そうに見えないというのは残念ながら事実のようです。

近年は特に中学・高校の柔道人口減少が大きな問題になっていますが、最初に18歳人口と全国高等学校体育連盟（高体連）柔道部員数の減少の相関関係について分析してみます。近年、柔道人口の減少について「少子化だから」という人は多いですが、具体的に検証している人はほとんどおらず、全柔連も登録者人口以外の情報を開示していませんが、実際に過去の数値を基に未来の人口動態をシミュレートすると恐ろしい事実が見えてきます（図1）。

【図 1】 2050 年高体連柔道部員数予測

	18 歳人口（万人）		高体連柔道部員数（人）	
1992 年	205	減少率（%）	71,302	減少率（%）
2017 年	120	−41.5	19,931	−72.0
2050 年	72.5	−39.6	6,238	−68.7

※ 18 歳人口と柔道部員数の減少比率がリンクするものとした場合の予測
※出典 :18 歳人口「文科省学校基本調査」、柔道部員数「高体連統計」

【図 2】 最近 15 年間の高校・主要競技部員数

	2003 年	2017 年	増減率（%）
18 歳人口	146 万人	120 万人	−17.8
柔道	35,628	19,931	−44.1
野球	154,175	161,573	+ 4.8
サッカー	149,591	176,928	+ 18.3
バスケットボール	159,633	153,211	−4.0
陸上	92,860	108,286	+ 16.6
卓球	67,062	73,412	+ 9.5
バドミントン	95,713	117,998	+ 23.3

※バスケットボールは最近 15 年間では減少しているが、最近 10 年間では増加している (2008 年・150,989 人)。野球人口の激減報道があるが最近 15 年間では増えている。最近 5 年間では卓球とバドミントンが順調に増加

18歳人口は、第二次ベビーブーム世代の1992年に205万人と高水準の数値を示しましたが、その後激減し、2008年前後から120万人台前半でほぼ横ばいとなり、「2018年問題」、つまり現時点から再度減少に転じ、2024年に106万人、2031年には遂に100万人を切ります。そして、それ以降は予測の数値となりますが、2050年には72万人台にまで激減すると言われています。

一方、高体連柔道部員数は、平成期以前には明確なデータは見当たりませんが、第二次ベビーブーム世代の1992年には7万1千人以上の柔道部員がいたことが分かっています。それが2017年度には2万人を切っており、平成期以降のピークからは70%以上も減少しています。

つまり、「18歳人口」は1992年（205万人）から2017年（120万人）までに40%強減少していますが、同じ期間に「高体連柔道部人口」は70%強も減少しており、少子化の進行よりも遥かに早い割合で柔道部人口が減少していることになります。

そして、「18歳人口」は2050年には72万人台（現在の40%減）まで減少する見込みなので、「高体連柔道部人口」はこれまでの減少と同じ比率で減り続けると仮定すると70%減少することとなり、高体連柔道部員数は何と「6千人」台になってしまうのです。

私はこれは十分にあり得る予測だと思います。その理由は、これ以上、柔道部員が減ると、多くの柔道部が存続できなくなるため休廃部が促進し、「柔道を続けたい生徒がいても続ける高校がない」という柔道難民状態となり、柔道部員の減少がより加速されるからです。近年はより一層減少が加速しており、5千人を切るかもしれません。

また、いわゆるスカウトや推薦入試で有望選手を集める強化校は生き残ると思いますが、現在高体連柔道部は男子2千校以上、女子千校以上もあり、まだまだ強化校以外の『普通の高校』(スカウトや推薦入試を行っていない高校)が多数含まれています。それらの普通の高校は今後の柔道部員減少を乗り切れないと考えます(将来的には競技の普及の拠点は学校の部活動から地域のスポーツクラブへ移行するだろうという予測もありますが、現状ではまだ現実的ではありません)。

柔道以上に部活動の低調な相撲やレスリングでは、ここ10年程は高校の部員数はずっと漸減傾向にはありますが、減少の度合いが比較的緩やかであることに気付きます。これは、既に『普通の高校』が休廃部し尽くし、ほぼ強化校しか残っていないからこそ起こる現象だと思います。一方、柔道は『普通の高校』がまだまだ多く残っているが故に、残存している高校の中から休廃部は今後も増え続けるでしょう。

そもそも柔道界では「少子化のせいで柔道人口が減少」とよく言うものの、野球、サッカー、バスケットボール、陸上、卓球、バドミントン等の伝統競技や人気競技は、ここ10数年、高校部員数はほぼ増加基調です（189頁図2）。柔道界はその点を見誤ってはなりません。「重大事故や不祥事の影響」という人もいますが、柔道人口を年度別にグラフ化すれば、それらと関係なく減少し続けていることも一目瞭然です。

面白い柔道への試み

次に「観る人にとって面白い」かどうかです。柔道界では「観戦」と「応援」の違いに多くの人が気付いていませんが、近年柔道会場に観に来る人がほぼ企業や学校、近親者などの「応援」者しかいないことは歴然としています。

全日本選手権など主要大会の観客数の減少は柔道関係者の中でも度々話題に出るほどです。テレビ視聴率については詳細は事情により書けませんが、オリンピック以外の大会の注目度が低いことは皆さんも気付いておられることと思います。特に「若者の柔道離れ」は顕著です。これに対して、現在は全柔連は何ら手を打っていません。

以上の通り、柔道はオーバーな表現ではなく「存亡の危機」にあるのです。「東京五輪に向けて盛り上がる」とか「東京五輪で勝てば柔道人口が増える」という楽観的な観測は幻想です。

アテネ五輪の大勝利でその後の柔道人口が増えなかったことは統計が証明済みです。それを打開するには、「柔道を面白くする」しかないのです。

「やる人」と「観る人」の視点のどちらを優先するのかという問題もあります。例えば、タックル禁止について、「やる人」の側からは、競技の戦術性が減って技術が狭隘化《きょうあいか》したとか、組み合うことで体力重視となりつまらなくなったとか、足取りから寝技への移行ができなくなったので魅力がなくなったとか、選手の立場としては「面白くなくなった」という意見も出ているようです。もちろん、私もそれは理解しています。

しかし、異論はあるかもしれませんが、私は現代柔道はスペクテイタースポーツであることを存続の基盤としているため、「組み合う柔道」を促進し、「観る人」の立場で「面白くなった」と言える柔道を優先せざるを得ないのではないかと思っています。

実は現状を世界中で一番認識しているのは、IJFのトップ、ビゼール会長本人なのではないかと思っています。会長就任以来、「柔道を面白く、魅力的なものにする」と言い続けてきたのは、他ならぬビゼール会長自身だからです。そういう意味では、ビゼール会長は、世界の柔道界をメタ認知しており、対処すべき課題の優先順位がきちんと分かっていると評価できるのではないでしょうか。ビゼール会長就任以降のIJFの業績を辿ると、ロンドン五輪で悪評を極めたジュリー制度などの失政はいくつかあったにせよ、大筋においては間違った方向へ進んではいないのではないかと思います。

２０１０年、当時の上村春樹全柔連会長は「国際柔道は行き着くところまで行ったら必ず原点に帰ってくる」と語っていますが、その言葉通り、紆余曲折はあったもののルールは徐々に日本の意図と合致する方向へと進んできているような気がします。ＩＪＦの主張する「面白い柔道」と日本のいう「正しい柔道」は大枠では一致しているという印象すらあります。独走しがちで、時に脱線することもあるビゼール会長ですので、ＩＪＦが方向性を見失わないように注視する必要はありますが、原則的には全柔連がＩＪＦと協調姿勢を保つ方針は正しいと思います。

情報戦略の統括機関を

全柔連においては、ここ数年は、柔道不祥事問題を受けてコンプライアンス・ガバナンスの構築や柔道事故問題への対策など、組織改革や国内固有の問題を最優先にせざるをえない状況でしたが、それらには目覚ましい成果が見え始めました。今後はＩＪＦと歩調を合わせて「柔道を面白く、魅力的なものにする」という方向に向かって努力していただきたいと思います。

全柔連に今後望みたい点があります。僭越ながら、全柔連には個別には優れた人材が多数おられると思います。特に情報収集の分野においては顕著です。具体的に言うと、強化委員会傘下の科学研究部などは素晴らしいと思います。

ロンドン五輪で不振に終わった日本柔道が、リオデジャネイロ五輪で失地挽回し、東京五輪でさらなる飛躍が期待できるところまで復活を遂げた要因の一つに非常に緻密なデータを駆使した情報戦略の勝利があると思います。

では、何故、執行部や事務局、総務委員会傘下などの中枢に総合戦略的な情報機関が無いのか？　私はそれが疑問でなりません。柔道界には柔道人口減少問題や柔道重大事故問題、柔道人気振興問題など喫緊の課題が多数あります。それらの問題発見、問題解決に結び付く情報を導き出す常設的な機能的組織体が今だかつて存在しなかったことが、日本柔道界の問題への対処を遅らせてきた要因であると思います。

例えば、顕著な例としては、柔道重大事故問題があります。頭部打撲による危険性は、実は１９７０年代初頭以降、具体的な検証データなどを基に、柔道界内部でも何度か指摘されていました。にもかかわらず、全柔連は確固たる対策を取らず、結果的に問題を放置してきました。柔道事故は２０１０年に愛知県の教育関係者が過去の事故データを開示するまで、その重大性を認識する者がほぼいなかったのです。全柔連の医科学委員会には、それまで脳神経外科の専門医もいませんでした。最も重要なポイントは、柔道事故は、日本体育学校健康センターの災害共済給付金の支払いデータにより、１９８３年以降の死亡・後遺障害の実例が閲覧可能な状態であったにもかかわらず、柔道界にそれを調べようとする者は誰もいなかったということです。

柔道人気振興問題についても同様です。全柔連内には現在12の専門委員会がありますが、競技を中心とした大会運営は大会事業委員会、広報誌の作成、記録のデータベース化など情報発信に関わることは広報委員会、大会内のイベントや未経験者を取り込んだ柔道教室の実施など柔道人口の拡大に関することは教育普及・ＭＩＮＤ委員会というように相互に関連の深い事業の担当が細分化しており、マーケティング全体を統括する部署が一体どこなのかが不明確なままです。近年スポーツ庁などが当面の課題として注力している『日本版ＮＣＡＡ』（ＵＮＩＶＡＳ）や、それに伴う『スポーツ産業化』の国内競技統轄団体（ＮＦ）としての対応窓口がどこなのかもさっぱり分かりません。

全柔連には情報を収集して蓄積・分析・継承し、実効的な政策を導き出すというプロセスと、それを可能にする機能的組織体が必要だと思います。

柔道の構造を知り、適切な改革を実行する

最後にまとめると、本書で私が提示したのは「柔道の構造」です。昨今はインターネットの掲示板やSNSで柔道の技やルールを批判する意見が多くみられます。もちろん多角的な視点からの意見は尊重すべきですが、その中には明らかに洞察力に欠ける意見もあります。これらの意見に接して、技やルールの意味や目的、歴史的背景などの「柔道の構造」をエビデンスを基にきちんと理解した上で、情報を取捨選択することが重要です。

しかし、この知識はあくまでも柔道を改善するための必要条件に過ぎず、十分条件ではありません。具体的に柔道を面白くするための方策――それは柔道振興の司令塔であるIJFと全柔連、さらには市井《しせい》の指導者の自覚的改革にかかっていると私は思います。

柔道の見方・考え方が視野狭窄《きょうさく》や思考停止に陥っていないか、対処すべき課題の優先順位を分かっているか――全ての問題の原点はそこに帰結するのです。（終）

■

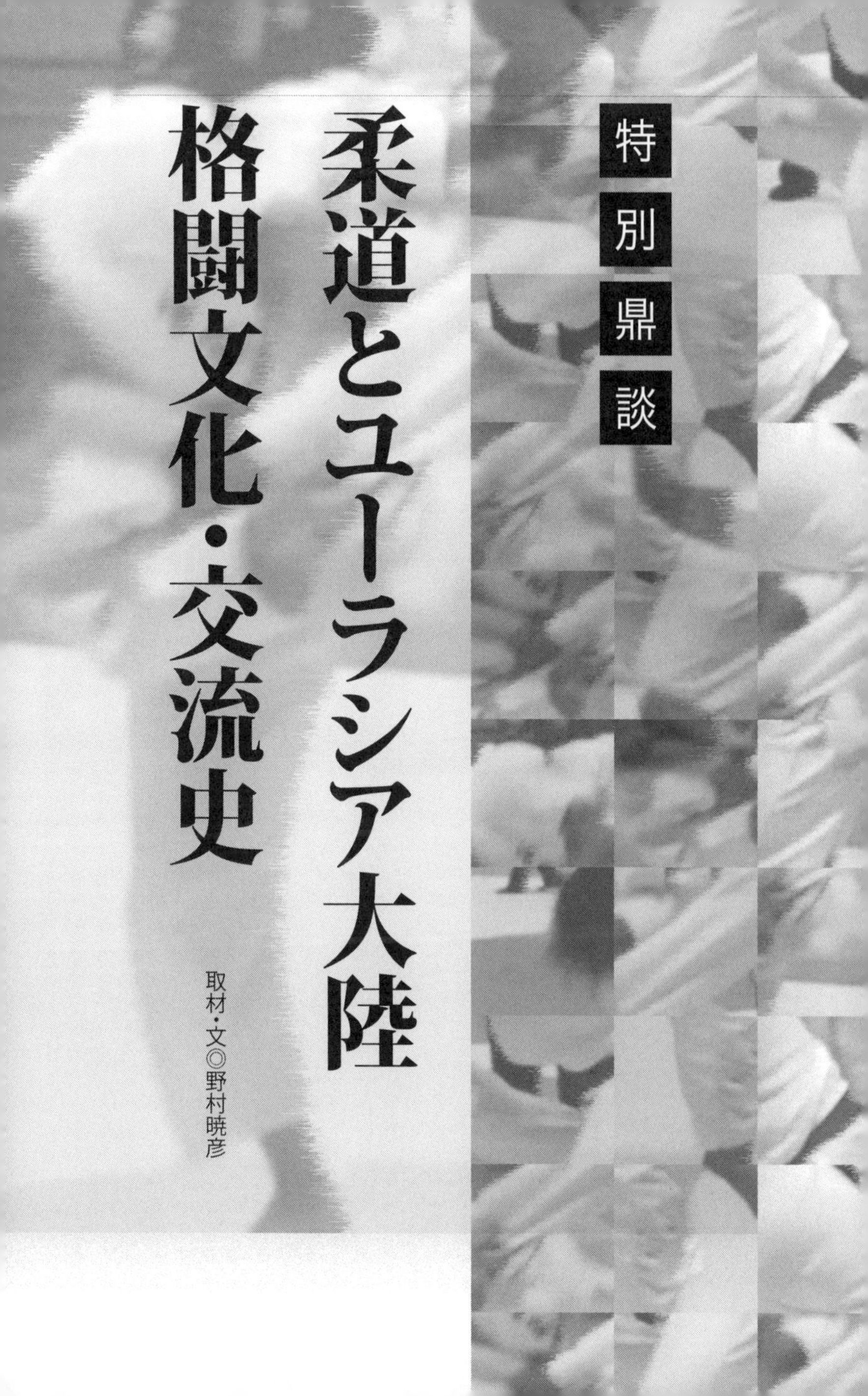

特別鼎談

柔道とユーラシア大陸
格闘文化・交流史

取材・文◎野村暁彦

WELLNESS
富川力道
（モンゴル相撲）
磯部晃人
（日本柔道）
田中康弘
（サンボ）

富川 力道
Rikido Tomikawa

1963年生まれ。中国・内モンゴル自治区出身。モンゴル名：バー・ボルドー。内モンゴル大学外国語学部日本語学科卒業。在学中は、学生モンゴル相撲（ブフ）大会で3連覇を果たす。ブフと大相撲の比較研究で博士号取得（千葉大学）。日本ウェルネススポーツ大学教授。授業は「民族スポーツ論」「スポーツジャーナリズム論」などを担当。民族スポーツ論の授業では、ブフを文化人類学的視点で教えている。日本国内で毎年ブフ大会を主催するなど、日本とモンゴル文化圏の国際交流に尽力している。日本で数少ないモンゴル相撲研究者として知られ、大相撲モンゴル出身力士との親交も広い。

田中 康弘
Yasuhiro Tanaka

1967年生まれ。日本大学農獣医学部卒業。高校までは野球部で、柔道やレスリング出身ではない純粋な「サンビスト」。1989年、91年全日本サンボ選手権74kg級優勝、87年～91年まで連続して世界選手権に日本代表として出場している（最高位88年４位）。88年カリーニン国際大会3位。89年ワールドカップ4位。サンボの名指導者、優れた学術研究者として知られ、日本サンボ連盟専務理事を務めるなど、サンボの発展に貢献。日本ウェルネススポーツ大学国際交流センター部長。授業は「スポーツイベント論」を担当。系列の日本ウェルネススポーツ専門学校格闘技部監督。

格闘文化史に一石を投じるコーカサス地域の格闘文化

磯部：今回は編集部より「ユーラシア大陸の格闘技比較論・文化史・交流史」というテーマをいただきましたので、日本ウェルネススポーツ大学（以下・ウェル大）の富川力道先生、田中康弘先生をお招きして、ここウェル大東京サテライトキャンパスにて鼎談形式で話を進めていきたいと思います。

私事ですが、私は２０１８年４月にウェル大通信課程に社会人入試で学士編入し、現在は４年生に在学中です。ウェル大は日本で唯一、体育・スポーツを通信課程で学べる大学で、土日の通学での面接授業の受講もありますが、社会人にとっては非常に学びやすい学習環境と言えます。大学では、富川、田中両先生に直接ご指導いただいており、実は私のほうが年長なのですが教わる立場で、いわば師弟関係になります。両先生ともよろしくお願いいたします。

では、まず格闘技の起源について、今まで格闘技の起源は主にエジプト、メソポタミアの両地域で行われたものとするのが主流ですが、今まであまり語られてこなかった中央アジアの民族格闘技について、富川先生からお話いただけますか？

富川：ユーラシア大陸の格闘技には騎馬民族に関わったものが多くて、文字として記録されず、叙事詩として語《かた》り部《べ》によって語り継がれてきました。ですから、ここから起源を推察するしかありませんが、私はペルシャ（イラン）、トルコ、モンゴルの三ヶ所がユーラシア大陸の三大聖地ではないかと考えています。

磯部：これらの地域では、それぞれの格闘技文化を含む祭祀《さいし》がユネスコの無形文化遺産にも登録されています。そしてもう一つ、格闘技が非常に盛んな地域にコーカサス地域があります。ここからは数多くの強豪選手が排出されていて、サンボとも関連の深い地域ですので、田中先生にご説明いただきたいと思います。

田中：この地域は標高が高く、心肺機能が高められるというのが、強さの原因の一つではないかと思います。また、コーカサス山脈の南側に位置するジョージアのチダオバには、柔道やサンボに近い技がかなり含まれていて、この地域から柔道やレスリングでオリンピックに出場する選手の多くが、格闘技はチダオバから始めています。また技の覚えが早く、寝技に長けた選手も多くいます。格闘技に対する興味の強さというか、そういった土着性のようなものもあるんでしょう。

◎コーカサス地域の地政学と格闘技

文◎磯部晃人

イラン、トルコ、モンゴルの格闘技のみならず、ユーラシア大陸の格闘技は多様性を帯びている。その代表的な例がコーカサス（カフカス）地域である。古くから「民族と文明の十字路」と言われ、東西交易の経由地となったコーカサスは、地政学、及び軍事戦略上も非常に重要なエリアであった。それ故に南北からユーラシア大陸の強国に度々、支配下に置かれるなど厳しい歴史を経験した。

カスピ海と黒海に挟まれた比較的狭いエリア（日本＋樺太くらいの面積）であるコーカサスは、険しい山岳地帯が生活圏を分断し、１００以上もの民族が言語や文化、宗教も異なる多様性を有している。旧ソ連時代、国家代表選手のかなりの比率を、このコーカサス出身者が占めていたと言われる。コーカサス出身の一流選手については次表の通りである。

コーカサス地方を代表する伝統格闘技の一つ、ジョージアのチダオバ。袖のない上着が特徴の一つで、モンゴル相撲や日本における明治初期の柔術のように、近接した組み技に長けている。サンボに取り入れられた格闘技にも数えられる。

【北コーカサス】	
■北オセチア	
レスリング	・**アルトゥール・タイマゾフ**　アテネ、北京、ロンドン五輪フリー 120kg 級金（北京五輪は後にドーピング違反が発覚し金メダル剥奪）。シドニー五輪も銀メダル獲得。 ・**ダビッド・ムスルベス**　シドニー五輪フリー 130kg 級金（北オセチア出身であるがグルジア人）。北京五輪ではスロバキア国籍で銅メダル獲得。 ・**ハッサン・バロエフ**　アテネ五輪グレコ 120kg 級金。北京五輪も銀メダルを獲得したが、後にドーピング違反が発覚し銀メダル剥奪。
柔道	・**タメルラン・トメノフ**　アテネ五輪 100kg 超級銅メダル。日本でも有名な無冠の帝王。
■イングーシ	
柔道	・**ハサン・ハルムルザエフ**　リオ五輪 81kg 級金メダル。柔術でも有名なトラヴィス・スティーブンス（アメリカ）を内股で降し優勝。
■チェチェン	
レスリング	・**ブワイサ・サイティエフ**　アトランタ、アテネ、北京五輪フリー 74kg 級金。 ・**アダム・サイティエフ**　シドニー五輪フリー 85kg 級金（サイティエフ兄弟はチェチェン人ではあるが、出身地はダゲスタン共和国である）。
柔道	・**フセイン・オズカン**　シドニー五輪 66kg 級金メダル（トルコへ国籍変更）。 ・**セリム・タタログル**　世界柔道重量級で銅メダル３個（トルコへ国籍変更）。
サンボ	・**エシン・エフゲニィ**　世界王者３回の「寝技の天才児」。
■ダゲスタン	
総合格闘技	・**ヴォルグ・ハン**　日本の格闘技団体リングスを中心に活躍した「伝説の達人」。 ・**ハビブ・ヌルマゴメドフ**　UFC 世界ライト級王者。今、最も旬な総合ファイター。コナー・マクレガーに一本勝ちし、総合格闘技史上最長の連勝記録を更新。
サンボ	・**グセイン・ハイブラエフ**　世界選手権５度優勝を誇る「サンボ史上最強」の男。
【南コーカサス】	
■ジョージア	
柔道	・**ショータ・チョチョシビリ**　ミュンヘン五輪軽重量級金メダル。 ・**ダビド・ハハレイシビリ**　バルセロナ五輪 95kg 超級金メダル、96 年サンボ世界王者。
レスリング	・**リョワン・ティディアシビリ**　ミュンヘン、モントリオール五輪を含み世界６連覇。フリー 82kg、90kg 両級にまたがり活躍。サンボの世界王者にもなっている。
大相撲	・**黒海や臥牙丸、栃ノ心はジョージア出身力士。** ※ジョージアについては、著名な格闘家を例示すればキリがないので、紹介はほんの一部のみ。
■アルメニア	
レスリング	・**アルメン・ナザリアン**　アトランタ、シドニー五輪金（シドニーはブルガリアに国籍変更）。グレコローマン 52kg、56kg 級にまたがり活躍。
サンボ	・**グルゲン・トットハリアン**　世界選手権３連覇。

モンゴル伝統格闘技「ブフ」と旧ソ連で開発された「サンボ」

磯部：では、次にモンゴルのブフについて歴史と文化を簡潔に概説していただきたいと思います。

富川：ブフは全部で8種類ありますが、主流となっているのはモンゴル国のハルハ・ブフと内モンゴル自治区のウジュムチン・ブフの二つです。現在、ブフは、基本的に三つの空間で行われています。一つ目はオボー祭りという地域の守護霊を祭るお祭りで、ブフは守護霊を喜ばせるために行われます。二つ目は世界遺産にも登録されたナーダム（モンゴルの伝統的祭典）です。ナーダムで行われるハルハ・ブフでは、国家の制度による称号が与えられます。これは大相撲の番付表に当たります。内モンゴルのウジュムチン・ブフにはハルハ・ブフのような国家称号はありませんが、好成績を残した力士はジャンガーという首飾りが与えられます。ちなみに私も一応ジャンガー力士です（笑）。

また最近ではセミプロが多くなってきました。興行的な意味合いが強く、市民の娯楽として、あるいは賞金を懸けて行われたりしています。これが三つ目の空間です。

磯部：ありがとうございます。では、次にサンボの歴史と文化について田中先生から概略をお願いします。

田中：まず創始者ですが、日本で柔道を学んだワシリー・オシェプコフという方がウラジオストックに柔道を広めました。やがてルールが変わってきて、それを公式のものとするために、アナトリー・ハルランピエフが制度化したということのようです。一方ビクトル・スピリドノフという方がいて、この方は護身術的な技術を体系づけました。これらを国家（ソ連）に働きかけて、国技に認定させたのがハルランピエフという流れになります。

磯部：創始者とされてきたハルランピエフは、実際には技術的な創始者と言うよりは、サンボの制度化と、国技として認定させるために尽力した人物という位置づけでしょうね。

田中：技術的には柔道が基となっていますし、国際化を進めるに当たって、ある程度柔道を真似るところもありましたが、その変遷の中で柔道には無い技が練り込まれてきたのも事実です。ロシアが主導となっていたので、民族競技の出身者よりも、ルールを熟知したロシア人が色々な技を開発していきました。ただ最近は、民族的な特徴が薄らいだ分、サンボとしての精度が上がっているように思われます。

ブフの類型およびその諸形態

形態	コスチューム	儀礼的所作	ルール	力士の称号・シンボル
ハルハ・ブフ（モンゴル国）	帽子、ゾドグ（チョッキ）、ショーダグ（パンツ）、ゴタル（ブーツ）	鷹の舞。3、5、7回戦で力士の称号を吟じる。取組中、力士の衣装の襟をねじる。決勝の両力士の入場の際、介添人が一斉に倒れる。勝者はイデー（お菓子）を振りまく。	肘、膝、頭、背中のいずれかが着地すれば負け。足取り可。称号のある力士は3、5、7回戦で対戦相手を指名できる。級別、体重別、時間制限はなし。	アヴァラグ、アルサラン、ザーン、ナチン。地方大会、軍部大会ではアヴァラグ称号の授与は不可。
ウジュムチン・ブフ（内モンゴル・シリンゴル地方）	ゾドグ、バンジル（だぶだぶのズボン）、トーショー（膝掛け）、ゴタル	ライオンの跳躍、種ラクダの小走り。入場の際、力士の入場の歌を3唱。力士の衣装の襟をねじる。勝者はイデーを振りまく。	足の裏以外の部分が土につけば負け。足取り不可。対戦相手を指名できない。級別、体重別、時間制限はなし。	強い力士にジャンガー（首飾り）を授与。名力士は引退式でそれを次世代に譲り渡す。
バルガ・ブフ（内モンゴル・フルンバイル地方）	ゾドグ、ズボン、ゴタル	種馬の跳躍、鹿の跳躍。ブーツの中に入れるトリア（足の防護用）に猛禽・猛獣の模様を刻む。	同上	引退式あり。ただし、ジャンガーの授与はなし。
ボホ・ノーロルドン（モンゴル国西部、新疆オイラート・モンゴル）	上半身裸でショーダグのみ着用。裸足。	「ブフ・ヘブレフ」の舞。種牛の真似でにらみ合い、砂をまき、草をもぎ取って噛む。優勝力士と下位力士が特別待遇を受ける。	相手の両肩（片肩でも可）を地面につければ勝ち。3本勝負。力士は技量による3階級あり。体重別、時間制限はなし。	称号やジャンガーの授与はなし。前年の優勝力士には競技に出なくても羊の肉付き腰骨（オーツ）が与えられる。
ブリヤート・ブフ（ロシア領内）	上半身裸。短いズボン、ゴタル	種ラクダ、種牛をまねて、砂をまき、頭をぶつけて、肩をぶつけ合ってから取り組む。	膝以上の部分が着地すれば負け。体重別、時間制限はなし。	称号やジャンガーの授与はなし。
オルドス・ブフ（内モンゴル西部地方）	ズボン、ゴタル、帯を肩から交差して結ぶ。	出場する力士の顔を隠し、取組の直前に取る。入場の際に祝詞が吟じられる。	右手を肩の上、左手を脇の下で固定して取り組み、投げ倒せば勝ち。取組中の組手変更は不可。階級、体重別、時間制限はなし。	同上
シャルボル・ブフ（内モンゴル西部アルシャ地方）	ズボン（以前はショーダグを着用）、ゴタル、腰と両太股に紐を縛る。	種ラクダの咬み合いの模倣。デベルトがあるが、どんな所作か不明。入場の唄あり。試合の最後に両者年長力士による「初っ切り」がある。勝者はイデーをまく。	膝以上の部位が着地すれば負け。取組中の組手変更は不可。階級、体重別、時間制限はなし。	同上
デードゥ・モンゴル（青海省）	現在では普段着のままで取り組む。	出場の際、赤、黄色の絹で顔を覆う。あらかじめ描いた円の中で相手を倒すことが強さのシンボル。	同上。しかし、力士は技量による4階級がある。体重別、時間制限はなし。	称号の授与はなし。優勝力士の首に赤い絹をかぶせる。

※『月刊秘伝』2001年1月号記事「ブフの諸相」（富川力道まとめ）より。

ハルハ・ブフの「鷹の舞」(右)と、ウジュムチン・ブフの「ライオンの跳躍」(下)。ウジュムチン力士が肩に靡かせているのがジャンガー。大きな首輪に色取り取りの布が巻き付けてある。

ウジュムチン・ブフの引退試合にて、自らのジャンガーを弟子へ託す富川師。

内モンゴル・フルンバイル地方のバルガ・ブフでは、激しい膝攻撃に備えた独特の防具(トリア)を着用する(提供/富川力道)。

類型	
立ち合い型	ハルハ系列
	ウジュムチン系列
組み合い型	オイラート系列

旧ソ連の国技「サンボ」誕生の軌跡

ビクトル・スピリドノフ

ワシリー・オシェプコフ

アナトリー・ハルランピエフ

日本で柔道を習得したオシェプコフがウラジオストックを皮切りに旧ソ連内で柔道を広める一方、当時ヨーロッパに普及していた日本柔術の教本などを研究したスピリドノフがその技術を体系化、「サンボ」と名付けたが、これらを母体に当時の「ソビエト連邦」という国家共同体の求める形に合わせて、サンボを「ソ連各地で行われている民族格闘技の技術を統合したもの」と主張したハルランピエフの説が受け入れられ、長く「サンボ創始者」の位置につかせた。現在、全ロシアサンボ連盟は「サンボは一人が創ったものではない」を公式見解としている。

サンボと柔道交流史

磯部：では、ここからは柔道、サンボ、ブフ、レスリング等の交流史について、お話していきたいと思います。

最初にサンボと柔道の交流の始まりとサンボ出身の柔道選手についてですが、ソ連の柔道の歴史は短くて、1957年にハンガリー柔道協会と他流試合を行ったのが最初と言われています。その後ヨーロッパ柔道連盟に加盟して、正式に国際大会にデビューしたのは1962年の欧州選手権です。この大会の無差別級でサンボのベースがあるアンゾール・キクナーゼが優勝しています。

田中：日本との交流の始まりは63年2月。ゲンリッヒ・シュリッツらサンビスト4名が来日して日本の精鋭と戦いました。ドイツ系ロシア人のシュリッツはソ連邦サンボ選手権6度優勝のベテラン選手で、3勝1引き分けの好成績を残して「シュリッツ旋風」を巻き起こしました。これが日本とサンボの邂逅だと思います。

磯部：この年の10月には坂口征二ら日本学生柔道チームがソ連で対抗戦を行って、優秀な成績を収めたと伝えられています。翌年3月には日本も本腰を入れて、猪熊功、岡野功、中谷雄英ら最強の布陣でモスクワ国際柔道大会に参戦して、3階級全てを制覇しました。

田中：東京五輪ではソ連は重量級キクナーゼ、軽量級オレグ・ステパノフら出場4選手全員が銅メダルを獲得しています。以来ソ連は欧州最強のライバルとして常に日本の前に立ちはだかってきました。ソ連が崩壊して15の共和国に分かれた現在も、これら旧ソ連の国々との激闘は続いています。

磯部：では、次にサンボとレスリングの交流について、田中先生、お願いします。

田中：サンボはオリンピック競技ではないので、60年代頃まではレスリングが五輪を目指す選手の受け皿でした。柔道は64年の東京五輪で採用されましたが、当時はまだ恒久的に開催される競技でなく、柔道への転向が多くなったのは70年代以降です。

磯部：ビクトル古賀先生が名前を挙げる、レスリングに転向して五輪王者や世界王者に輝いたサンビストたちは、名前から察するところ全員ジョージア人のようです。そう考えるとチダオバ→サンボ→レスリングという競技転向の流れは間違いなさそうですね。

1964年の東京五輪、柔道重量級で3位に入賞したキクナーゼ（右端。写真提供／時事通信社）。サンボのみならずチダオバやレスリングでも活躍し各種大会で優勝している。柔道においては猪熊功（左から二人目）との数度にわたる死闘が語り草ともなっている。

1967年、日ソ親善柔道大会にて、未知のサンボの技（寝業に引き込む形から腕逆十字）でミシチェンコに五輪王者岡野功が敗れたことを報じる新聞記事。その衝撃が分かるが、この後、ミシチェンコは3試合を日本選手に連敗している事実はあまり知られていない。

ブフの英雄「二人のムンフ」

磯部：次にブフ出身のレスリング選手、柔道選手について、富川先生よりご説明願います。

富川：ブフもやはり色々な格闘技と交流がありますが、私はブフを三つの系統に分けて考えています。一つは柔道系、もう一つはレスリング系。これに90年代の終わり頃からは相撲系が加わります。

柔道系はブフから柔道やサンボ、レスリング系はフリースタイルとグレコローマン。これらより少し遅れて出てきたのが、世界相撲選手権大会に出場するための選手が前出の2系統から選ばれるようになりました。ですから相撲系には柔道系、レスリング系の両方が含まれています。ブフからの転向や参戦ですね。

中でも私がここで取り上げたいのが、二人のムンフです。一人はジグジド・ムンフバト。この人は白鵬のお父さんで、ブフの横綱（アヴァラグ）ですが、フリースタイルレスリングで64年の東京五輪に出場しています。68年のメキシコ五輪ではミドル級で銀メダルを獲得して、モンゴル史上初の五輪メダリストとして国民的英雄になりました。

もう一人は、やはりブフの横綱のホルロー・バヤンムンフです。彼はのちのバットエルデンの登場までは国家ナーダムの最多優勝者（10回）でした。ムンフバト（6回優勝）と

モンゴル相撲史上、伝説の大横綱「二人のムンフ」。左がホルロー・バヤンムンフ師、右がジグジド・ムンフバト師（提供／富川力道）。ムンフバト師は大相撲の横綱白鵬関の実父。この二人の影で、実力がありながら「永遠の関脇（ザーン）」と言われたのが、朝青龍の父親ドルゴルスレン師であることもロマンを感じさせる。

1990 年に来日した際のバットエルデン選手（右端）。左から二人目は当時の田中康弘師（提供／田中康弘）。90 年代に話題になった巨漢ヤーブローにもアマチュア相撲世界選手権で勝っている。

はライバル関係で、ナーダムでの戦績は4勝4敗となっています。バヤンムンフは72年のミュンヘン五輪ではフリースタイルの100キロ級で銀メダルを獲っています。この二人は20年ぐらいブフの世界を独占していて「両ムンフ時代」と言われています。

磯部：この二人はブフをベースとしてフリースタイルレスリングも強かったのですが、バヤンムンフはサンボでも世界王者になっています。ですから先ほど柔道系とレスリング系と言いましたが、バヤンムンフはそんな系統を超えて戦っているような感じですね。

富川：この二人のほかにもう一人、ハルハ・ブフでは無冠の帝王と呼ばれているのが朝青龍のお父さんのドルゴルスレンです。彼は横綱になれる実力があったのですが、不運にも両ムンフ時代だったため、関脇（ザーン）止まりでした。ですからドルゴルスレンはモンゴルでは「永遠のザーン」と呼ばれています。

磯部：朝青龍と白鵬のお父さんが、ともにブフの歴史の重要な位置にいるというのはロマンがありますね。

ブフ・サンボを制したバットエルデンの強さ

富川：70年代はモンゴルではレスリングの黄金時代と言われてきました。その後にバットエルデンの時代が来ます。ナーダムで通算12回優勝していて、中でも92年から99年にかけて8連勝しています。最強の横綱と言われていますが、ブフだけでなくサンボでも世界王者に3回輝いています（85、86、89年）。

日本のアマチュア相撲の世界選手権では、93年に重量級と無差別級で準優勝。94年には無差別級の決勝でアメリカのエマニュエル・ヤーブローと戦って、土俵際まで追い込まれながら、躱《かわ》して掬《すく》い投げで勝ちました。私はその試合は国技館で観ていて、感激しました。

バットエルデンは私と田中先生も親交があります。彼の特徴は、何と言っても力強さです。スピードはありませんが、組手を取ったら一気に捻り倒す感じです。

田中：彼とはよく一緒に練習しましたが、寝技はあまり上手くないですね。

富川：彼は柔道でも好成績を残していますが、サンボのように世界王者レベルではありません。それは寝技があまり得意ではなかったからかも知れませんね。

磯部：重量級のブフ出身の選手は、どうしてもブフが技術のメインになっていますから、寝技の稽古をあまりしていないんです。逆に軽量級の選手はブフではあまり活躍の場がないので、比較的、寝技を熱心にやっている傾向があります。

富川：バットエルデンはブフが強すぎて、寝技をあまり練習しないんですね（笑）。

磯部：バットエルデンの柔道時代の活躍については、左組みで掬い投げや支え釣込み足が得意ということで、96年のドイツ国際大会で、掬い投げで篠原信一を破っています。ただ力の強さや足腰のよさが特徴で、ツボにはまったときの一発はあるんです。でもスピードや技の切れはそれほどでもなくて、寝技になると、あっさり抑え込まれたりしていました。

富川：やっぱりブフが主体の戦い方ですね。

田中：意外だったのは、彼はサンボだと捨身技をやるんです。帯取り返しのような技が結構得意でした。

磯部：それからバットエルデンと同時代のバルジニャム・オドボギンですね。

富川：横綱のバルジニャムですね。柔道ナショナルチームの監督として知られていますが、本人も強い選手で、89年の世界柔道選手権の、95キロ級の決勝戦で、ソ連のコバ・クルタニーゼに僅差で敗れています。彼はブフでは大関（アルサラン）でしたが、柔道での活躍が認められて、横綱になりました。これは特例で、ブフ連盟としては、あまり嬉しく思っていなかったようです（笑）。

磯部：モンゴルでは格闘技の地位が高くて、顕著な例としては、アテネ五輪柔道男子100キロ超級金メダリストの鈴木桂治が、モンゴルの「チンギスハン大賞」を受賞しました。現在のバトトルガ大統領はブフ、サンボ、柔道で活躍して、後にモンゴル柔道連盟の議長となりました。北京五輪でナイダン・ツブシンバヤルを優勝させて、モンゴル初の金メダルの立役者となりました。

富川：そうですね、格闘技は社会的に極めて高い地位にあります。

サンボ、ブフの強さとは何か？

磯部：では次に、旧ソ連のサンボの強さの秘密について、田中先生にお話し願いたいと思います。

田中：サンボ自体の競技の強さとして、まず組手の自由さから来る対応力の高さ、適応能力の高さというのがあると思います。それから、例えば合気道や少林寺拳法などは小さな力で大きな力を制圧しようという発想ですが、サンボは逆で、持てる力を全部使って技を成立させようという考え方なんです。そこは日本人と全然違って、こういったことがサンボの強さに繋がっていると思います。

磯部：では次に、モンゴルのブフ力士はなぜ強いのかを、富川先生のほうからお願いします。

富川：まずモンゴル人は基本的に遊牧民族なので、小さい頃から馬に乗ったり、羊や子牛と遊んだりして家畜と接します。大人になると、馬の鬣《たてがみ》を刈ったり焼き印を捺したり、後は去勢などの牧畜作業があります。本来は真面目な作業ですが、これをモンゴルの男たちは、半分遊びのような感覚でこなします。5、6人でかからないと危険な荒馬に1人でかかっていって、馬の耳を掴みながら脚を払って二丁投げみたいにしたり、走っている馬の尻尾を捕まえて、タイミングを合わせて捻り倒したり、そうやって遊びを交えて牧畜作業をするんです。

家畜を相手にすることで、人間を相手にするのとは違う不規則な動きにも対応しなければなりませんので、足腰の強さと高い対応能力が養われますが、そういった技のほとんどがブフにも使われています。これがブフの強さの秘密だと思います。

枠に囚われない交流を！

磯部：本日はジャンルにこだわらず、ユーラシア大陸の格闘技の比較論的な、今まであまり行われていなかったであろう、画期的なお話をさせていただいたと思っておりますが、先生方のご感想なども伺ってみたいと思います。

富川：格闘技文化というのは、国とか民族に関係なく、人類全体の身体文化として、今の時代だからこそ大事だと思いますし、異種格闘技間が交流することによって、それぞれの格闘技が発展するのではないかと考えていますが、今回の鼎談で、さらにその思いが強くなりました。

田中：世の中には色々な格闘技がありながら、実際に経験するものは少ない。子供たちに色々なことをやらせれば、それぞれの子が持っている可能性はもっと広がります。型に嵌めるのではなく、型を作るために型を外すというような、そのための道具として、格闘技というのは必要なのではないかと思います。

磯部：では最後に私のほうから。現在、ウェル大で格闘技のことを学んでおりますが、今後ユーラシア大陸の格闘技の比較論的な研究が進めばと思います。松浪健四郎さん（現・

日体大理事長）は、かつてスポーツ人類学者として活躍されていた時代に「日本に格闘技を学術として総合的に学べる大学はない」ことを著書などで繰り返し書いていました。しかし、ウェル大には富川先生、田中先生を中心に、格闘技に造詣の深い先生方がいらっしゃるわけですから、是非とも競技横断的なユーラシア大陸格闘技研究の先駆者的な研究機関になっていただきたいと実感しました。本日はありがとうございました。■

協力◎学校法人タイケン学園 日本ウェルネススポーツ大学
https://www.nihonwellness.jp/

著者◎磯部 晃人 Akito Isobe

1960年生まれ、新潟県出身。新潟県立新潟高校、青山学院大学文学部史学科卒業。フジテレビ勤務。フジテレビのスポーツ局でK-1を企画し初代番組担当となり、K-1やPRIDEの事業プロデューサーを務める。「ゴング格闘技」誌で柔道コラムを長年にわたり連載。柔道三段、少林寺拳法三段。柔道史（主に戦後競技史）の研究をライフワークとするが、柔道との関連から武道・格闘技の動向にも幅広く関心を寄せている。

本文デザイン●澤川美代子
装丁デザイン●梅村昇史

◎本書は『月刊秘伝』2017年9月号～2018年8月号に連載された「柔道構造学 ― 武道・格闘技比較論」、及び2019年5月号に掲載された鼎談記事をもとに加筆・修正を行い、単行本化したものです。

蘇れ! 柔道最強説

スポーツと武道の本質、
他武道・格闘技との構造比較でよくわかる

2019年5月5日　初版第1刷発行

著　者　　磯部晃人
発行者　　東口敏郎
発行所　　株式会社 BABジャパン
〒151-0073 東京都渋谷区笹塚1-30-11　4・5F
TEL　03-3469-0135　FAX　03-3469-0162
URL http://www.bab.co.jp/
E-mail　shop@bab.co.jp
郵便振替 00140-7-116767
印刷・製本　中央精版印刷株式会社

ISBN978-4-8142-0202-7 C2075

BOOK Collection

武術の“根理”

何をやってもうまくいく、とっておきの秘訣

「肘は下に向けるべし」すべての武術はこの原則に則っている!　剣術、空手、中国武術、すべて武術には共通する“根っこ”の法則があります。さまざまな武術に共通して存在する、身体操法上の“正解”を、わかりやすく解説します。剣術、合気、打撃、中国武術…、達人たちは実は“同じこと”をやっていた!?　あらゆる武術から各種格闘技、スポーツ志向者まで、突き当たっていた壁を一気に壊す重大なヒント。これを知っていれば革命的に上達します。

●中野由哲 著　●四六判　●176頁　●本体1,400円+税

新世紀身体操作論　考えるな、体にきけ!

本来誰もに備わっている“衰えない力”の作り方!

“達人”に手が届く!とっておきの日野メソッド多数収録!　「胸骨操作」「ラセン」「体重移動」…アスリート、ダンサー、格闘家たちが教えを請う、身体操法の最先端!　「日野理論」がついに初の書籍化!!　“自分はできてなかった”そこからすべてが始まる!　年老いても達人たり得る武術システムの不思議!　意識するほど“非合理”化する身体の不思議!　知られざる「身体の不思議」すべてを明らかにする!!!

●日野晃 著　●A5判　●208頁　●本体1,600円+税

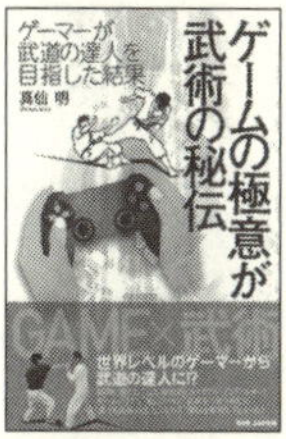

ゲームの極意が武術の秘伝

～ゲーマーが武道の達人を目指した結果～

GAME×武術　世界レベルのゲーマーから武道の達人に!?　疑問に感じたことは、徹底的にトライアル・アンド・エラー!　ゲームのように“楽しくトコトン”武術をつきつめたら、“誰でも武術の達人になれる”秘伝を解明してしまった !!　即、腕相撲が強くなるコツ／“逃げられない突き”の理由／相手を動けなくする方法／一番身体が強くなる、心の置き所。筋力やら、運動神経やら、無駄な努力なんかやらよりも大事なのは“気づくこと”!　だから、読めばあなたにもできます!

●真仙明 著　●四六判　●272頁　●本体1,400円+税

孫子を超えた　“老子”の兵法

―戦略・戦術はもういらない

武道家が解く!　セルフコントロール、対人関係の極意書

約 2400 年前の中国の思想家・老子が伝えた書『老子（道徳経）』には、この世界の普遍的な哲理が示されている。戦略や戦術を超え、自然のありように身を委ねれば、生き残るべくして生き残るということだ。本書は、武道・武術をたしなむ者のみならず、混迷を極めた現代に生きるすべての人にとって、仕事や生活にも通じる大切なことに気づくヒントが詰まっている。

●湯川進太郎 著　●四六判　●184頁　●本体1,300円+税

柔術（やわら）の動き方　「肩の力」を抜く!

～相手に作用する!反応されない!～

簡単だけどムズかしい?　“脱力”できれば、フシギと強い!　筋肉に力を込めるより効率的で、“涼しい顔”のまま絶大な力を相手に作用できる方法があった!　柔術は、人との関わりのなかで最高にリラックスする方法。日常動作や生き方にも通じる方法をわかりやすく教える!

●広沢成山 著　●四六判　●220頁　●本体1,800円+税